〈満洲〉の歴史

小林英夫

講談社現代新書

1966

はじめに

大いなる錯覚

関東軍作戦参謀だった石原莞爾《いしはらかんじ》は、満洲事変勃発《ぼっぱつ》四日後の一九三一年九月二二日の作戦会議で、これまでの「満洲」（以下、「」を省略。「満洲国」も同じ）直接占領構想を放棄し、清朝皇帝だった溥儀《ふぎ》を頭首とする国家づくりへと考え方を変えた。それまでは石原は、歴史的に考えても満蒙は中国人の土地ではないし中国人は政治能力を持っていない、という発想を強烈に抱いていた。ところが、占領作戦を展開するにつれ、また中国人の政治能力の高さを見るにつけ、そうした考えの変更を余儀なくされたのである（『石原莞爾国防論策』）。

石原はここで満洲イメージの修正を強いられたわけだが、はたして多くの日本人はそうしたイメージ変更をできたのだろうか。統治の必要性から変えたとはいえ、石原自身もどこまでその認識を抜本的に改めたのかは、定かではない。実は、こうした多くの日本人が共有していた大いなる錯覚が、一九三一年以降の日満のみならず日中関係を誤らせる結果を導いたのではないだろうか。

本書が中国東北部の歴史を主に一七世紀から二一世紀まで通して記述し、そこに挟まる一九三二年から四五年までの「満洲国」の時代が何であったのかを問い直す構成をとる理由もそこにある。満洲国の時代はわずかに一四年と長くはないが、東北史に刻み込まれた深さという点では、時間だけでは計れない複雑なヒダを有している。しかしそれとても、このヒダを刻む母体となった満洲の大地そのものがあってこそ可能だったことである。

一七世紀ならいざ知らず、日本が本格的に係わり合いをもつ一九世紀半ば以降のこの地は、漢族一〇〇〇万以上の農民が住み、毎年四〇万から五〇万人の農民が津波のように押し寄せ、そして何もかも飲み込んだ大地を嚙み砕く、漢族の自治の土地だったというべきだろうし、その中から生み出された張作霖《ちょうさくりん》に代表される政治指導者たちは高い政治統治能力を持っていた。それを「軍閥」という名称のもと、古いイメージでこの地と向き合った、この大いなる錯覚が、東北をめぐる日中関係の不幸の始まりだったのではないか。

黄龍から旭日へ

本書の目的は、日本人の視点を意識した中国東北史を記述することにある。

たしかに、一七世紀からの中国東北の歴史をひもとけば、それは、清朝発祥の地として、何人《なんぴと》も立ち入ることができない封禁《ふうきん》の地として、長い間、広大な荒野を野生の天国に存置していた。しかしこの地は漢族の移民の開始とともに、瞬く間に農業地帯へと変貌を遂げていった。そして露・中・日、三つ巴《みどもえ》の抗争の歴史を経て日本がこの地に勢力の扶植《ふしょく》を図りはじめたのは、漢族の開墾が大いに進んだ後の一九世紀末から二〇世紀初頭のことだった。

日本は、日清・日露戦争を契機にこの地に進出し、一九四五年までこの地域に大きな足跡を記すこととなるのだが、その日本は、最大時でも約一五〇万人という、漢族から比べれば二〇分の一にも足りぬ、しかも大地から遊離した移植の民をもって、ある「夢」を実現させんとしたのである。その「夢」とは、この地を清朝の黄龍旗《こうりゅうき》はためく地から旭日《きょくじつ》旗《き》満ちる地に変えることであった。それはさまざまな手法をもって行われた。清朝皇帝と皇室との交流に始まり、工業化政策と移民政策がそれに加重された。しかしこの変更はあまりに困難で、厳しい環境の中で旭日旗自体が強風にむなしくもちぎれていった。

そして、終戦後の日本人の引揚げとともに、この地域は新生中華人民共和国の東北地域として戦後復興、社会主義建設の一端を担うこととなる。それと併行して日本人の意識は、そうした戦後東北の発展を眺めながら、当初は失われた土地への代償を求め自己を慰めるさまざまな動きを見せるが、次第にこの地が漢族の大地だったという認識の深まりとともに自己の認識を修正し、客観化された満洲像の今日的姿の認識がなされていくこととなる。

本書は、日本人の目から見た日中関係史の一翼を担う中国東北史の発展過程と、そこに関わった日本の夢と現実の考察である。

五つの時期区分

中国東北の歴史は、いくつかの時期に分けることができる。

第一期は一七世紀から一九世紀末の日清戦争までの清朝封禁の地の変容史である。

第二期は二〇世紀初頭の日露戦争から第一次世界大戦までである。ここには辛亥《しんがい》革命、日本の二一ヵ条の要求そしてロシア革命が含まれる。

第三期は第一次世界大戦終了から満洲事変までである。張作霖・学良《がくりょう》の東北支配と満鉄を中心とした日本側の係わり合いが主たる問題となる。

第四期は満洲事変から第二次世界大戦の終焉《しゅうえん》と日本帝国の解体までである。ここでは黄龍旗を旭日旗に染めかえる各種の試みが検討される。

第五期は戦後の東北復興と日本人の満洲記憶の問題である。

この過程を通じて、日本人が関わった満洲史を記述してみることとしたい。

目次

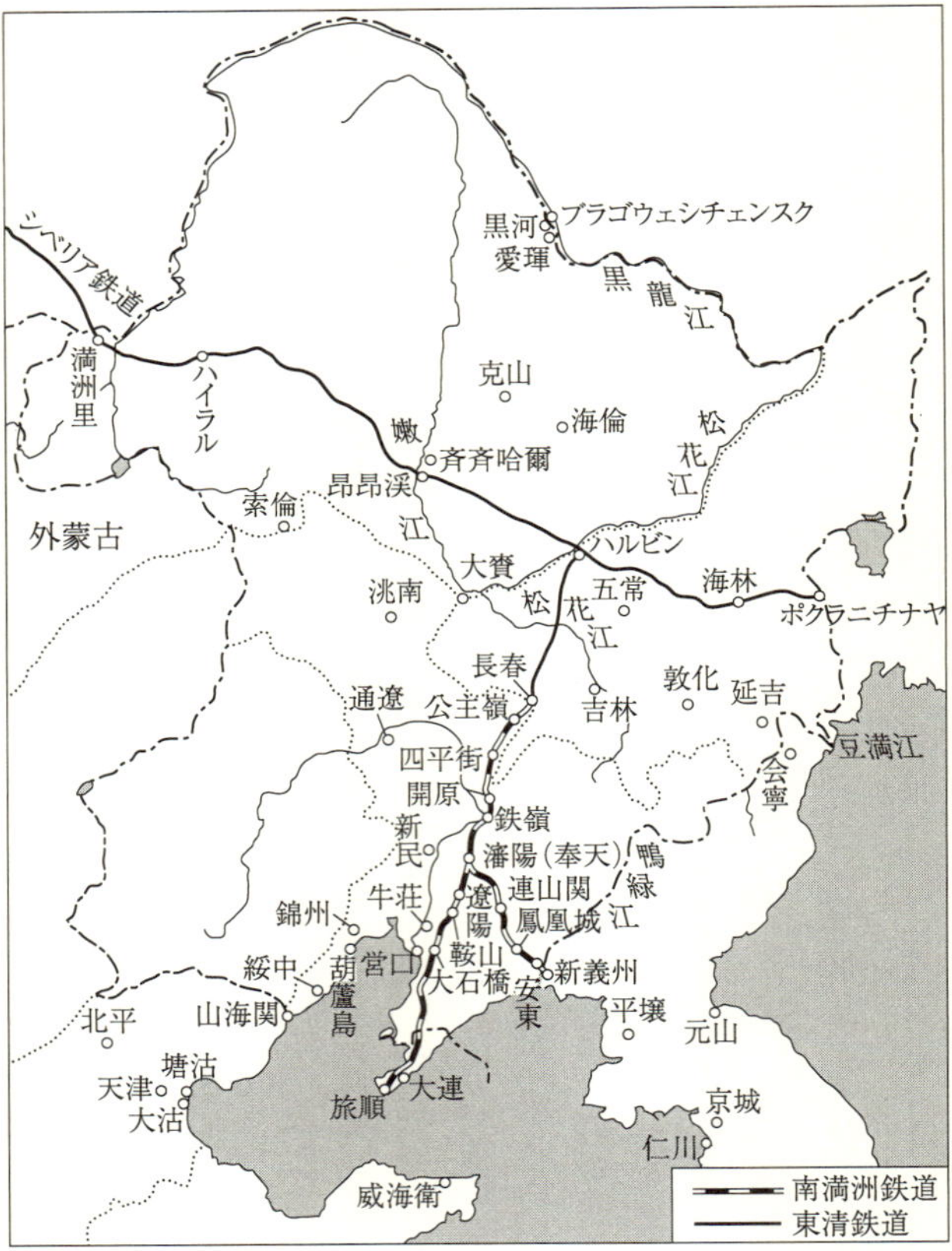
シベリア鉄道
満洲里
ハイラル
黒河
ブラゴヴェシチェンスク
愛琿
黒龍江
克山
海倫
松花江
嫩江
斉斉哈爾
昂昂渓
索倫
外蒙古
ハルビン
大賚
洮南
松花江
五常
海林
ポクラニチナヤ
長春
吉林
敦化
延吉
通遼
公主嶺
四平街
豆満江
会寧
開原
鉄嶺
新民
瀋陽（奉天）
鴨緑江
連山関
牛荘
遼陽
鳳凰城
錦州
鞍山
綏中
胡盧島
営口
大石橋
新義州
安東
北平
山海関
平壌
元山
塘沽
天津
大沽
旅順
大連
京城
仁川
威海衛
南満洲鉄道
東清鉄道

図表1　満洲全図

第1章

一九世紀初頭までの満洲

——封禁の地の変容

瀋陽市の東郊にある東陵（清の太祖ヌルハチと皇后イエハナラ、フチャの陵で、正称は福陵）の山門

満洲の語源

「満洲の語源は」と聞かれて、すぐに答えられる読者は相当の満洲通である。普段は何気なく使っているこの満洲なる単語を、多くの人は地名だと考えている。したがって、しばしば満洲は満州と表記されることが多い。簡略化して満州と表記するのは間違いではないが、正確には満洲でなければならない。

というのは、満洲は地名ではなく、民族名であり国名でもあるからである。満洲は、清を興したアイシンギョロ・ヌルハチ（愛新覚羅努爾哈赤）が、自国を「満珠《マンジュ》」と称し、民族名を「女真《じょしん》」から満珠と改めたことに始まるという。これがいつの間にか満洲として地名としても使われるようになり、満州と簡略化されていったのである。

この地に登場した王朝は、前二世紀頃に興きた高句麗に始まり、七世紀から一〇世紀にかけて栄えた渤海《ぼっかい》であった。これが朝鮮民族の王朝か中国の地方政権かをめぐって、韓国・北朝鮮と中国の歴史家の間で二〇〇三年暮れに熱い論争が引き起こされたことは読者の記憶に新しいことだと思う。渤海が活動した時期は日本では奈良から平安の時代に当たり、この時期、渤海との間では渤海使や遣渤海使を通じた両国の交流が行われた。その後、遼、金、元は、この地を含んで版図《はんと》を形成するが、明の時代にこの地は漢民族の支配に服することとなる。しかし、前述したヌルハチは、おなじ女真族が、かつて祖先が築いた金を継承するという意味で後金と称する国を興し、明から独立、都を瀋陽に定めた。ヌルハチが民族名を女真から満珠と改めたのはこの時である。ヌルハチを継いだ福臨《フリン》（順治《じゅんち》帝《てい》）は軍を関内に入れ北京を都に清王朝を設立し、中国全土を制覇することとなる。

一七世紀に始まる漢人の満洲移民

当初、満洲はヌルハチに起源をもつ清朝発祥の地として、満洲旗人《きじん》の地を保存する考えから、何人も立ち入ることができない封禁の地であった。ところが清朝が北京を都に定め全中国の統治をしはじめると、清朝の軍事力を支えてきた八旗《はっき》の主力とその家族は中華へ移動し、満洲の空洞化現象が生じはじめた。これを防ぐために清朝は一六四四年に「土地分給案及開墾補助策」を、四九年には「移住民の保甲編入、荒地開墾所有許可令」、五三年には「遼東招民開墾例」などの一連の遼東招民開墾政策を実施し、漢人の東北移民を促進した。漢人の東北移民は急速に進行し、開墾奨励政策は一六六八年に停止されたものの、漢人の移民の勢いは止まらず、その後も自主的な移民が進められ一九〇〇年頃には東北の漢人の人口は推定一七〇〇万人近くに達したのである（『満洲近代史』）。

移民の増加とともに清は、各地に総督―巡撫―布政使司《ふせいしし》、按察使《あんさつし》のラインで地方統治を整備し（『支那地方自治発達史』）、それ以下の行政レベルでは地方自治を許してきた。しかし満洲はその発祥地ゆえに事実上の軍政が布《し》かれ将軍、副都統がおかれて統治されてきた。

移住者の増加にともない、徴税という面では税損局を設けて課税を実施しはじめた。しかし当時の徴税システムは、官吏の俸給や庁費には上限があるだけで、支払いは地租の徴収後に行い、大口支出は御用商人を通じて調達、年度末に一括清算、余れば翌年繰越し、足らねば翌年清算方式が採用されていたという（『奉天省財政に就いて』）。したがって、悪徳徴税官吏は、民衆に苛斂誅求《かれんちゅうきゅう》を強いて不正な資金の捻出とその私物化に没頭したという。そのため、多くの場合には徴税額ではとうていこの地域の歳出はまかないきれず、毎年中央からの補助金で財政の赤字を補塡《ほてん》したといわれている。

漢人開拓地の自治の実像

ここでごく簡単に満洲社会の構成を見ておくこととしよう。

漢人による満洲開拓が進行するなかで、この地域の牧草地や山林、森林は次第に耕されて耕地へと変貌していった。開拓を担ったのは山東省や河北省からの漢人移住者だった。彼らは、陸や海路を利用して満洲へと入り、まず奉天省の未開地を開拓し、さらに進んで吉林省へと踏み入り、そしてロシアと国境を接することとなる黒龍江省へと開拓の歩《ほ》を進めた。一九三四年満洲国実業部が調査した農村実態調査で、一七八〇年代に入植した古手から五年前に入植したばかりの新参者まで取り混ぜて北満一七県の屯（自然村落）を見ると、六三一戸のうち四八一戸、つまり七六％は山東省から、六一戸、九％は河北省からで、二省あわせると全体の約八五％の移民者は山東・河北両省で占めていた（『農村社会生活篇――康徳元年度農村実態調査報告書――』）。また吉林省の開拓に当たっては、一八世紀中葉から生活に困窮した在京旗人救済の目的で彼らの移民策が展開されたが、農耕生活に不慣れな彼らは定着することはできなかったという。ロシアと国境を接した黒龍江省の開拓は、一七世紀末に屯田のかたちで移民が進められたが、それが本格化したのは一九世紀も後半で、主に漢人の私墾というかたちで展開された（小峰和夫『満洲』）。こうして、東北では旗地の売買が活発化するなかで、清朝を支えていた旗人は土地を喪失して没落していった。それは同時に清朝の衰退過程に符合した。

一八六〇年、天津《てんしん》条約に基づいて牛荘《ぎゅうそう》（営口《えいこう》）が開港されることで、満洲は世界経済の一環に包摂《ほうせつ》されることとなった。営口で取引をされたのは満洲特産の大豆三品（大豆、大豆油、大豆粕）で、この輸出入を通じて営口は賑わい、過炉銀《かろぎん》が流通することとなる。満洲特産大豆が世界製品になる過程は、同時にまた営口が栄え、漢人の満洲開拓が急速に促進される過程でもあった。

拡大した漢人の開拓地を清朝は総督を派遣して統治したことは前述したが、それは中央機関だけで、漢人の開拓村は自治に任されていた。自治とはいえ、中央機関とは何らかの関連を持つわけだが、それに対して彼らは長年の政治経験を活用して柔軟に対応した。郷村制度法が施行されれば、一応それに従った。開墾が禁止されれば表面上はそれを中断した。しかし彼らは制度に合った組織を作っただけで、彼らの利益に合致しなければ形骸化《けいがいか》され、やがては消えていった。中断した開墾も同様で、表面上は開墾を停止したものの、やがて抜け道を見つけて継続され、以前に増して加速された。

この満洲の地は清朝の統治の対象ではあったが、その治安を維持するための軍事力の多くを担ったのは、馬賊《ばぞく》と称された、村落の自衛武装集団だった。日本では誤解されて馬賊というと馬に乗った略奪者、強盗もしくは盗賊集団として扱われるが、これは正しい認識ではない。治安が不良で自衛が必要とされる中国で、略奪のかたわら地域的自衛をも担当する武装集団が活動したが、彼らの多くは頭目が騎馬で指揮したことから馬賊と称されたのである（『馬賊で見る「満洲」』）。

もっとも満洲社会の防衛組織を馬賊で代表させることは、必ずしも適切ではない。馬賊というのは、そうした村落自衛組織の一つであって、時期や場所によって異なるが、民団、郷団、商団、保衛団、自衛団などさまざまな組織が活動していた。自衛団を例にとれば、これは常時ある場合もあるが、通常は、村落にあって農作業に従事しているが、非常の際に銃器を携え村落防衛に従事する場合が多い。団長や副団長は村落の地主や富農の二男坊が就任し、兵は村民が志願もしくは義務的に従事する。彼らは自分たちの村を守るという意識が強いから、農家に宿泊しても馬賊などの雇われ者がやるような食い荒らしはせず、夜間の警備などを任せれば一番忠実で安全であるというのだ（『農村社会生活篇——康徳元年度農村実態調査報告書——』）。

ロシアの朝鮮進出と日清戦争

そんななかで、一六世紀後半から一八世紀にかけて、ロシアの東進が急速に進む。未知のシベリアの豊かで上質の毛皮や金、銀鉱石その他の希少金属を求めてロシアの冒険家、探検家、調査隊が東進し、やがて満洲北辺で中国と接触、衝突することとなる。一六八九年、ロシアはネルチンスク条約で、清国と黒龍江での境界線を確認した。それ以上の南下を一時断念したロシアは、その後も毛皮や金を求めて東進を続け、ついにはカムチャツカ半島から千島そしてベーリング海峡からアラスカ、さらには北米太平洋岸まで到達する。一九世紀にはいると北太平洋地域では捕鯨事業が盛んになり、カムチャツカやベーリング海沿岸が注目されはじめた。一八〇四年、ロシアは日本人漂流民返還を口実に長崎で通商交渉を試みはじめた。これに対抗し江戸幕府もまた間宮林蔵《まみやりんぞう》を樺太に派遣、北方探検を開始した。

一九世紀も半ばになると状況は急転しはじめる。アヘン戦争後の清国の弱体を見越したロシアは南下を開始、一八五八年には愛琿《あいぐん》条約を締結、黒龍江左岸を獲得し朝鮮と国境を接し、六〇年には北京条約で沿海州のロシア領有を承認させた。そして一八七三年にはウラジオストック港の開設を開始した。

ロシアの影響が急速に満洲から朝鮮に及びはじめるなかで、それと対抗する勢力としてクローズアップされてきたのが日本だった。一八六八年の明治維新を経て急速に力をつけた日本は、七六年、李朝政府と日朝修好条規を結んで朝鮮への勢力浸透を図りはじめた。

この満洲に接壌《せつじょう》する朝鮮の地をめぐって日清間に激しい軋轢《あつれき》が生まれたのは、一八九四年、全羅道《ぜんらどう》におきた農民反乱（東学党の乱）をめぐる清と日本の朝鮮出兵であった。この農民反乱はほどなく終焉したが、日本は朝鮮の内政改革を要求、それを拒否した清国軍を攻撃、これを契機に日清両国は戦端を開き、八月、日清両国は戦争状態に入った。

日本軍は連戦連勝、九月に陸では平壌会戦、海では黄海海戦で清国軍を撃破し、再蜂起した東学党を鎮圧、さらに軍を中国国境から東北地区の旅順へと進めた。一一月旅順で中国人非戦闘員七万余を虐殺する事件（旅順事件）が発生した。日清戦争に軍医として出征した文豪森鷗外は兵站《へいたん》病院視察の後、虐殺死体が横たわる惨状を日記に書きとめている（『森鷗外と日清・日露戦争』）。しかしこの戦争を「文明戦争」と呼んでいた明治政府は、この事実をヒタ隠しに隠していた（『旅順虐殺事件』）。日清両国軍や敗残兵の渦のなかで住民は大きな犠牲を受けた。いつの時期のどこの戦場でも状況は同じだが、「逃げようとした多くの者が逃亡兵の追剝に襲はれ、荷馬車は奪はれ、男は殺され、女子供は拉致された。冬が長く続くにつれ、田舎の人々の嘗めた無辜《むこ》の苦痛は、これを知る由もない」（『奉天三十年』上）。

日本軍は後退する清国軍を追って翌二月には山東半島の威海衛《いかいえい》に進出、さらに同月ここを拠点に活動していた清国艦隊主力の北洋艦隊を降伏させた。ことここにいたり、清国は李鴻章《りこうしょう》が講和全権となって日本との交渉に臨み、下関で会談が行われ、四月には講和が成立した。朝鮮の独立を承認し、遼東半島、台湾、澎湖《ほうこ》島割譲《とうかつじょう》、賠償金二億両、沙市、重慶、蘇州、杭州の開市、開港がその主たる内容だった（『日清戦争』）。

日本としては払った犠牲と比べると得るべき成果は乏しかった。わずかに得た成果としては、賠償金と台湾領有があっただけである。逆に中国の弱さが暴露され、欧米列強による中国分割の引き金となったのである。

しかし、もし日本がこの戦争に敗北していれば、極東の片隅で中国の属国として植民地化されるか欧米の植民地となる可能性もなかったわけではない。その意味で独立を保持するためには勝利が必須であったし、また勝利の結果得た賠償金でロンドン金融界と連携を保つことにより、日本はイギリス金本位制の一翼に組み込まれ世界貿易の一端を担い得たのである。その意味では、この戦争は東アジアで日・清双方が生き残りを賭《か》けた戦争だったのである。そして日本はこの戦争で台湾の割譲を受けることで、独立保持から一歩抜け出て欧米帝国と肩を並べてアジア植民地帝国となる足掛かりをつかんだのである。

三国干渉とロシアの鉄道建設

日清戦争は、日本と清国との朝鮮半島の覇権をめぐる戦いだったが、満洲もその戦場として戦禍をこうむることとなり、満洲社会も変容を余儀なくされた。にもかかわらず、この時期には漢人の満洲移民が急速に促進されたのである。いつの時代でもそうだが、戦場では、さまざまな危険と隣り合わせて多くのビジネスチャンスが生まれ、貨幣経済の浸透とともに、一時的ではあれ好景気が生まれるものである。このリスキーなチャンスを狙って一攫千金《いっかくせんきん》を夢見て多くの漢人が満洲の地に移住したのである。在満漢族の人口は、二〇世紀初頭には一三二六万人を突破する。営口を中心とした貿易も日清戦争勃発当初はなんら影響は見られなかったが、平壌会戦で清国軍の敗戦が伝えられると過炉銀の取付騒《とりつけさわ》ぎが発生し、市場は混乱した。さらに日本軍が駐留すると営口にも日本海関が設定された。

しかし遼東半島は講和条約の調印一週間後には露、独、仏三ヵ国の干渉を受け、イギリスの支援が取り付けられぬまま日本は手にした権限の全面放棄を余儀なくされた。日本にとっての日清戦争は、ロシアの東進を阻止できなかったという意味では失敗だったし、遼東半島も返還したという意味でも、これまた失敗だった。戦争としては払った犠牲と比べると得るべき成果は乏しかったといわれるゆえんである。

この三国干渉で、日本は営口から撤退している。逆にロシアは、フランス、ベルギー、ドイツの経済支援を受け、一八九五年に設立された露清銀行を金融の柱に、ウイッテ主導で一八九一年代以降シベリア鉄道の敷設《ふせつ》を開始、日清戦後の一八九六年に李鴻章・ロバノフ条約により清国と東支鉄道建設協定を締結した。この協定でロシアは北満西端のマンチユリー（満洲里）から北満東端のポクラニチナヤ（綏芬河《すいふんが》）まで北部満洲を横断するかたちで東清鉄道敷設権を獲得、さらに九八年には遼東半島の租借権と東支鉄道敷設権を獲得して南満洲までその勢力圏を伸張した。満洲へのロシア利権の伸張という、清朝の大きな譲歩が必要なことをスムーズに進めるために、交渉に当たったロシア政府からは李鴻章に三〇〇万ルーブルが渡ったといわれている（『満洲近代史』）。

ロシアの鉄道中心の満洲経営は、一八九五年の三国干渉で遼東半島を租借すると、北のハルビンと南の大連を二大拠点に東支鉄道で両都市を結ぶ戦略として具体化される。九八年、旅順は軍港として、大連は商業港としての位置づけが与えられて租借条約が締結されると、ロシアは膨大な資金を投入して、両都市の建設に邁進《まいしん》した。

シベリア鉄道は一八九一年に起工されたが、日清戦争を経て、これを一八九八年から一九〇二年までに本線を開通させ、この支線としてハルビンから大連までの南満鉄道を一八九八年に起工し、一九〇一年までに建設を完了、〇二年一月に開通させた。そして一八九七年のドイツの膠州湾《こうしゅうわん》占領を契機に本格化した西欧列強の中国侵略に対して、一九〇〇年に義和団事件が発生すると、建設途上の東支鉄道南部線は攻撃の対象として被害を受けた。鉄道を守るために一五万のロシア軍が派遣され、東支鉄道は〇一年には完成したが、ロシア軍はそのまま駐屯し続けたため、満洲でのロシアの影響は強まった。「ロシヤ軍は主要諸都市を占領し、鉄道沿線を支配した」「全満洲は次第にロシヤのものになるだらう、支那にはこれに抵抗する力がないから、といふ事が一般的に恐れられた」（『奉天三十年』下）。

ロシアでの対日強硬派の台頭

しかし一九〇〇年代にはいると新たな動きが現れる。一九〇〇年の義和団事件発生とともに満洲に増強されたロシア軍は、撤兵期限が来ても満洲から撤兵することはなかったため、英米の抗議が強まった。

そんななかで、日本の進出に対して宥和的《ゆうわてき》なウイッテや対日戦争をできるかぎり延期することを望んでいたクロパトキンに代わって、「満洲は如何なることがあろうとも我々のものとならなければならない」(『列強対満工作史』)と声明した対日強硬派のベゾブラーゾフが力を持ちはじめる。彼は、朝鮮への進出を狙って設立された極東ロシア林業会社の支配権をもち、朝鮮の政権にも影響力を行使して対日姿勢を鮮明にした。しかも彼らは、日露戦争開戦間際の一九〇三年五月に宮中で会議を開催して満洲へ兵力を増強し、七月にはアレクセイエフを極東総督に任命、彼が対日・対中外交折衝権を掌握し、さらには新たに極東問題特別委員会を設置して極東問題を外務省の管轄から外し、皇帝側近をもってその任に当たらせることとした(『列強対満工作史』)。こうして、皇帝とベゾブラーゾフ一派は対日戦を推進する体制を作り上げたのである。

ロシアの極東総督アレクセイエフは一八九六年、親日派を排除して親露派をもって朝鮮に政権を樹立、露韓銀行を設立し、鉄道、鉱山利権の確保を通じて朝鮮半島にまでその影響力の拡張を志向しはじめた。日本もこれに対抗し第一銀行朝鮮支店を通じて財政・金融の影響力の拡充に努め、一九〇〇年には仁川・ソウル間の京仁《けいじん》鉄道を、〇一年には釜山・

ソウル間の京釜《けいふ》鉄道を起工した。朝鮮半島をめぐる日露の対立は急速に強まっていった。

日英同盟の締結

ロシアの朝鮮進出を憂慮した日本では二つの流れが顕在化する。一つは日露協定推進派だった伊藤博文らの動きである。彼は〇一年九月協定推進を模索して欧米へと旅立つ。しかしその一ヵ月遅れの一〇月には、もう一つの流れとして、ロンドンの林公使が英外相と日英同盟の正式交渉を開始している。

満韓交換交渉を主眼にした伊藤の対露交渉は、ロシアの強気の判断もあって難航を続けたのに対して、日英交渉はロシアの南進への脅威を共通に持つ日英の利害の一致から急進展した。つまりは、陸軍は弱体だが世界のトップクラスの海軍力を有する英国と、海軍力はいまいちだがアジア一の陸軍力を有する日本が、対露抑止の共通課題でお互いの弱点を補いあえるということで、交渉が短期に具体化したのである。短期とはいえ、日本側の決定は、イギリスのランズダウン外相の原案提示から三ヵ月近くを要していた。時の桂内閣が、この決定に慎重で、しかも明治天皇も親露派の伊藤を含む元老の一致を裁可の前提としたので、最終的には伊藤の意見開示を待って、最終決定を行ったからである（『日本の大陸政策』）。

事実、一九〇一年当時の列強の海軍力を見れば、イギリスが主力艦一七隻一七万トンに対して、ロシアが一三隻一二万トン、フランスが八隻八万トンでイギリス対ロシア・フランスではロシア・フランスのほうが優位に立っている。当時の日本の主力艦は一九隻二〇万トンだから、イギリス海軍は日本海軍の支援を得てはじめて東アジアでの露仏連合艦隊に対抗して制海権を確保することができたのである。

また日本の日露戦争前の主力艦の戦艦六隻のうち全部（富士、八島、敷島、朝日、初瀬、三笠）はイギリスで建造されており、うちアームストロング社製二隻、テームズ社製二隻、ヴィカース社製一隻、ジョン・ブラウン社製一隻で、装甲巡洋艦六隻のうち四隻（常磐《ときわ》、浅間、出雲、磐手《いわて》）はすべてイギリスのアームストロング社製だった。当時の日本政府のイギリスへの軍艦発注が、アームストロング、ヴィカース社等のイギリス民間企業の経営に与えた影響は絶大で、日本からの発注が彼らの経営の維持・拡大を支え、さらには開発技術の資金まで支えるかたちでイギリスは最新鋭のドレッドノート型建艦技術を保持することを可能にしたのである。他方、日本はといえば、イギリスの協力を得て短期間にロシアに対抗する海軍力を補強できたのである（『日清・日露戦争』、『近代日本の軍事と財政』）。

第2章　東アジア激動の中の満洲

――日露戦争から第一次世界大戦まで

大連満鉄本社

日露戦争

日露対決は時間の問題に迫っていた。満洲に進出したロシア軍は、さらに鴨緑江《おうりょくこう》を越えて朝鮮に軍事拠点を構築しはじめていた。日本では、首相の桂太郎、外相の小村寿太《じゅた》郎《ろう》、元老の伊藤博文、山県有朋《やまがたありとも》らが集まり、満韓交換の可能性を検討し、対露外交を模索していた。ロシアも陸相クロパトキンが訪日、桂・クロパトキン会談が持たれていたが、露軍の鴨緑江越えが報じられると日本側は態度を硬化させる。一九〇四年二月四日の御前会議で対露戦を決意、二月六日に国交断絶を通告すると、同八日には日本陸軍部隊が仁川に上陸、艦隊は旅順の露艦隊を攻撃するにいたり、一〇日、対露宣戦布告をし、戦争状態に入った。

当初日本は旅順港閉鎖作戦に手間どるが、五月には金州、南山、大連を占領、陸路旅順要塞《ようさい》攻撃を開始したが失敗に終わった。その後、旅順を残して戦線は北方に進み、八月に遼陽《りょうよう》、一〇月には沙河《さか》で日本軍は露軍を敗走させている。そして一〇月から一一月に二次、三次の旅順攻撃を繰り返し、一二月に二百三高地を占領、翌〇五年一月に旅順は日本軍の手に落ちた。三月には奉天で露軍と会戦、これを撃破するが、兵員、弾薬不足のなかで追撃はできなかった。陸戦での戦死者は八万余、うち戦闘による死者は六万人に及んだが、先の日清戦争同様、最大の被害者は満洲の一般住民だった。

一方、海では沙河会戦直後の〇四年一〇月、ロシア艦隊がバルト海リバウ港から出航、一路日本を目指したが、日英同盟下のイギリスの妨害を受け十分な補給、修理、休養を受けられぬまま、二二二日かけて日本近海に到達した。しかし五月、三八隻の艦船からなるロシア艦隊は迎え撃つ日本の連合艦隊の前に全滅に近い打撃を受け、大半は海の藻屑《もくず》と消えた。

余力を使い果たし爪先立ちで戦う日本と、陸海で敗北が続き、国内では嫌戦気運が広がり革命運動が高揚するロシアという両国の間に、翌六月、米大統領ルーズベルトが講和勧告を出した。これを受け入れて、八月、米国、ポーツマスで日露講和会議が始まった。この交渉の間に日本は樺太全島を占領した。九月、講和条約は調印された。ロシアは朝鮮での日本の主権を認め、保護国化することを承認し、満洲の地から日露両軍は撤兵した。

ロシアの和平条件は、日本軍が実質的に支配していた長春から旅順までの鉄道を日本に譲渡し、樺太の北緯五〇度線以南を日本に割譲する、というものであった。そして賠償金は支払わず、という結果だった。講和交渉をめぐっては、賠償金も取れない講和に対する不信から、九月に日比谷公園で調印反対「国民大会」が開催され、それが暴動化する、「日比谷焼討事件」が発生している。

ところでこの「日比谷焼討事件」は、民衆が政治に目覚め、大正デモクラシーの発端となったという意味で画期的な事件だが、この暴動に若き日の高碕達之助《たかさきたつのすけ》が参加している。後に高碕は満鉄の事業を引き継いだ満洲重工業開発株式会社（満業）の総裁となるが、このときはまだ水産講習所の学生で、「こんな屈辱的な講和はない」として交番を襲撃するが逮捕され、三日ほど警察にお世話になっている（『私の履歴書』経済人1）。

混乱に生きる満洲住民

日露戦争中および戦後の満洲は、日清戦争時とは比較にならぬ範囲と規模で戦争の影響を受けた。まず、戦時好景気が満洲を覆《おお》ったことである。もっとも満洲全土というよりは、兵站《へいたん》地域でそれが著しかった。たとえばロシア軍の拠点ハルビン、大連と南の日本軍の拠点営口がそれである。戦争勃発直前のハルビンには八五〇名程度の日本人がいた。彼らは娘子軍《じょうしぐん》（売春婦）が圧倒的に多数で、以下、洗濯屋、理髪屋、時計士、写真師、大工、ペンキ屋等だった。彼らは日露開戦と同時にハルビンを引揚げた。大連も同様だが、そのなかには、娘子軍でありながらもその美貌ゆえにロシアの将校連を悩殺、軍事情報を収集、日本軍に送った、外国人から「リジヤ」と呼ばれた女俠《じょきょう》もいた（『北のからゆきさん』）。

そしていったん戦端が開かれると、ハルビンにはあらゆる物資が充満、ショーウインドウにはダイヤモンドやたくさんの酒が、そして濃艶《のうえん》なロシア女が街に溢《あふ》れ、この都市は

「極楽世界の観」を呈したという。日本軍の拠点、営口も同様で、軍需品の荷揚げで活況を呈し、満洲で一稼ぎしようとする日本人が殺到し、日清戦争時にはわずか数十人に過ぎなかった居留民は八〇〇〇人に膨らみ、旅行客を含むと一万人を超えたという。

しかし戦時特需はそれだけにとどまらない。ろくな輸送手段もない満洲で日露両軍は死闘を演じたわけだから、物資の輸送はもっぱら苦力《クーリー》の人力に依存した。そのための人件費は、日本軍だけで一日少ないときで三〇万円、多いときで一〇〇万円にのぼった。大連だけでも日本軍の倉庫で使役する苦力約二万人、港湾、鉄道を含めると三万人にのぼったというのだ（『満洲草分物語』）。これが生み出す経済効果は馬鹿にならなかった。

もっともこれは戦場が生むことの一面であって、他面で、多くの中国人は戦火の犠牲となって多大な被害を受けたことはいうまでもない。クリスティーは、その著書の中で短く「それは支那の土地で戦はれた。支那の農民は、自分達の戦争ではなかつたけれども、そのために苦しみ且つ死んだ。そして何等賠償を受けるあてもなかつた」（『奉天三十年』下）と結んでいるが、文章の長短とは無関係にその意味するところは大きい。多くの無辜《むこ》の満洲住民は、他の戦場がそうであるように、この戦争でも最大の犠牲者となったのである。

戦争が終わると、今度は戦後の荒廃と混乱、景気の後退が満洲に打撃を与えた。ハルビンではあらゆる物資が暴落し、買い手のない悲惨な状況が生まれた。営口も被害を受けた港の一つだった。戦争勃発当初は、軍需品の輸送で活況を呈したが、戦争が終結すると軍需品の値下がりと滞貨の山のなかで、倒産する商人が続出、さらには大連港が復興し、満鉄の呑吐港《どんとこう》として機能しはじめると営口の重要性は減少していった。

こんななかで、戦後直後の満洲を旅した元満鉄嘱託の鎌田弥助は、遺書をしたため、装塡した騎銃と拳銃を枕元において就寝した者もいたと、先にあげた『満洲草分物語』のなかで回想している。実際、日露戦後の満洲は、相当混乱していたようだ。列車内に盗賊が乱入し、生命や金品を奪う事件が頻発、ために護衛兵が同乗、彼らの指示に従うべしとする「告示」を営口軍政署が出さねばならぬほど治安は悪化していた（「満洲日日新聞」一九〇六年五月一六日）。

しかし、こんな荒廃と混乱と治安不良のなかでまず頭角を現したのは娘子軍団だった。戦むしろ戦前から当地で活躍していて、戦争のため一時避難していたというだけだから、戦後逸早く舞いもどったという表現のほうが適切だろう。占領後の満洲のどこの都市でも一般人の居住が許可された後、先陣を切って真っ先に入ってくるのはこの娘子軍団だった。彼らはバラック風の安手の新築家屋で、雨漏りと乾かぬ壁土もいとわず、白粉《おしろい》を塗りたくって春をひさぐ商売を始めたのである。

満鉄の誕生

日露戦争後のポーツマス講和条約の結果、日本は、長春郊外の寛城子《かんじょうし》から旅順までの東清鉄道南満洲支線とその附属利権をロシアから譲り受けた。すでに旅順攻防さなかの一九〇四年六月、東京で野戦鉄道提理部を組織していた日本は、鉄道要員を満洲へ派遣し五フィート軌条を三フィート六インチに改修、軍用列車を運転した。また日露講和後の〇六年一月からは一般客の輸送や貨物取り扱いを開始し、撫順《ぶじゅん》などの石炭の採掘と軍民への供給を実施した。当時の野戦鉄道の状況を記録した「野戦鉄道提理部報」によれば、機関車の飲酒運転事故や極寒の中での給水事故、馬賊の襲撃などさまざまな「事故」が記録されており、戦場の生々しさを伝えてくれる。

そしてこの鉄道の管理と運営を引き継ぐかたちで南満洲鉄道株式会社（満鉄）が設立されることとなる。満鉄の設立大会は一九〇六年一一月、資本金は二億円で、うち一億円は日本政府の現物出資、残りの一億円は日本での株式募集とロンドンで募集された外債に依存していた。初代総裁には後藤新平が就任した。こうして満鉄はスタートを切るわけだが、その直前の〇五年八月にアメリカの鉄道王ハリマンが令嬢を伴って来日、満鉄共同経営案を日本政府に提案する一こまもあった。もっともこの提案は、ポーツマス条約日本代表で外相の小村寿太郎の大反対のなかで消滅していくが、もしこれが受け入れられていたら、その後の満鉄の経営も満洲をめぐる国際情勢も相当変わったものになっていただろうと想定される。

とまれ満鉄は、日米共同経営ではなく、後藤を総裁に日本の鉄道会社として出発する。総裁の後藤は台湾総督府民政長官からの転出であった。民政長官のポストに未練を残していた彼は、総裁ポスト就任を要請して三時間にわたり説得を続けた児玉源太郎《こだまげんたろう》の勧めを一度は固辞した。その一〇時間後に児玉は急死する。後藤はこれを天命と受けとめ、総裁を引き受けて満洲へ赴《おもむ》くこととなる。

満洲での彼は多忙を極めた。まず直面したのは、日露戦後の満洲統治の複雑さだ。外務省があり、陸軍があり、そして新たに満鉄が加わるなかで、彼は満鉄を統治の中心に置くように努力した。しかし結局は、領事館、関東都督府、満鉄の「三頭立て」の統治機構が作られて、満鉄はその一つに納まることとなる。さらに満鉄を株式会社とするか国有会社とするかで議論が分かれた。これは、国策を遂行する株式会社とすることで落ち着くが、その機軸に据《す》えられたスローガンが「文装的武備」、後の後藤の説明を借りれば「文事的施設を以て他の侵略に備へ、一旦緩急あれば武断的行動を助くるの便を併せて講じ置く事」であった。つまり、満鉄は単なる鉄道会社ではなく、満洲の地で教育、衛生、学術といった広い意味での「文事的施設」を駆使した植民地統治を行う会社として位置づけられていたのである。満鉄が創業当初から調査部をおいて調査活動を重視したゆえんである。

当初満鉄の経営をいぶかる向きがなかったわけではないが、後藤は、彼の部下で、二代目総裁になる中村是公《これきみ》とともに全線の国際標準軌化（四フィート八インチ半）や大連・奉天間の複線工事、撫順線、安奉線《あんぽうせん》改築工事を実施し、輸送量の強化に全力を挙げ、満鉄の経営基盤の確立を実現したのである。

初代総裁・後藤新平

したがって、満鉄を語るときに、後藤新平をはずして論ずるわけにはいかない。後藤は、一八五七年岩手県の水沢《みずさわ》に生まれている。七三年、福島第一洋学校入学、七四年に須賀川《すかがわ》医学校に転じ医者として愛知県立病院長、愛知医学校校長に就任、九〇年にはドイツへ留学、帰国後の九二年には内務省衛生局長に就任している。

後藤新平

局長時代の九三年に華族の相馬家《そうまけ》の「財産相続騒動」に巻き込まれて入獄、失職する。

しかし裁判闘争で無罪を勝ち取った九五年に原職に復帰し、この年の一一月「台湾の阿片問題に関する意見書」を伊藤博文に提出して注目を集めている。これがきっかけで九六年四月、台湾総督府衛生顧問に就任、九八年三月台湾総督児玉源太郎の要請で総督府民政局長（後の民政長官）に就任し辣腕《らつわん》をふるった。児玉の要請で〇六年八月に満鉄総裁として転出する。満鉄総裁に就任するにあたっては、台湾民政長官時代の部下で土地調査事業を支えた中村是公を同伴、また台湾事業に協力した京都帝国大学法科大学教授の岡松参太郎を理事に迎えるなど、「台湾閥」を満鉄の立ち上げに活用している。

後藤は総裁期間二年足らずにして第二次桂内閣の逓信大臣となると、後事を中村是公に託して離満し、以降歴代内閣で鉄道院総裁、内務大臣、外務大臣を歴任、政治家として名を成すこととなる。彼が政治家として名を成すに当たっては、台湾、満鉄を通じた外地での経験にあずかるところが大きかったと思われる。彼は、台湾の民政局長に就任するまでは良吏《りょうり》であったが、それ以上ではなかった。ところが、八年間の台湾民政の経験を通じて政財界の面々と付き合い、ネットワークを広げ、政治的判断を訓練し養うなかで、次第に一流の政治家への道を模索できたのである。

満鉄調査部の設立

ところで、満鉄のユニークさを表現するものに調査部がある。この設立には後藤のアイデアがこめられている。調査部の発足は一九〇七年四月である。満鉄創立に遅れること五カ月足らずであった。調査部は、総務、運輸、鉱業、地方の各部と並ぶ重要部局の一つとして出発した。

そのころ、日本で調査部を持っていたのは三井物産だけであった。三井と並ぶ三菱合資に資料課が作られたのが一九二二年、三菱経済研究所が作られたのは三二年のことである。満鉄でこんなに早く調査部が作られたのは、一つには後藤新平の個性がある。後藤は台湾民政長官時代にも旧慣調査などを大々的に展開しており、調査活動を重視していた。二つには、日露戦後の不安定な満洲の地で企業活動を展開するには調査活動が不可欠だったことが挙げられる。初期の調査部は、経済調査、旧慣調査、ロシア調査の三班に分かれ、それ以外に監査班と統計班があった。スタッフは全員で一〇〇人前後、内訳は経済、旧慣、ロシア合わせて一五から一六人、監査班一〇人前後、残りが統計班だった。このほか東京には東亜経済調査局と満洲及朝鮮歴史地理調査部が設置された。これらの社会科学部門の研究機関のほかに自然科学分野では中央試験所と地質調査所が置かれ、製品の企業化や地質調査活動を展開した。

しかし初期の調査部の活動は、今日の我々が想定する調査というよりは、満鉄が各地に開いていた公所が展開したインフォーマルな情報収集活動が重点だったと思われる。最初に設立されたのは奉天公所で、〇九年のことだった。公所は外務省の正式機関である領事館とは別に非公式の折衝や秘密の情報調査活動を展開した。こうした公所は、奉天（一九〇九年）、ハルビン（一七年）、北京（一八年）、鄭家屯《ていかとん》（同上）、吉林（同上）、斉斉哈爾《チチハル》（二二年）、洮南《とうなん》（二四年）に次々と設置され、それぞれが折衝・情報収集・調査活動を展開した。

満鉄公所の秘密活動

公所を通じた満鉄調査部の活動は、秘密のベールに包まれて不明の部分が少なくない。しかし、地方の土着勢力との折衝や懐柔、抱き込みなど、領事館がなしえない非合法に近い情報活動にその多くの金と時間をかけたであろうことは想像に難くない。

秘密のベールに包まれた公所の活動を、奉天公所を例に垣間見てみよう。奉天公所が開設されたのは一九〇九年のことであった。所長は陸軍少佐の佐藤安之助で、中国の事情に精通し交渉事務に慣れたスタッフをもって固め、常に中国の政治経済状況をウオッチングしていたという。具体的に手掛けた課題は、長春の土地買収、新奉、吉長《きっちょうてつどう》鉄道関係、安奉《あんぽう》線用地買収、京奉《けいほう》線延長問題、撫順炭鉱協商問題、ペスト防疫問題などで「枚挙ニ遑アラス」（『南満洲鉄道株式会社十年史』）という状況であった。

満鉄社員で、後に初代満洲国総務長官となる駒井徳三《こまいとくぞう》も、一九一〇年代初頭に張作霖相手に秘密の土地買収交渉を行う際に、奉天公所を拠点に活動していた（『大陸への悲願』）。一九一一年一〇月に勃発した、後述する辛亥革命においても、華南地域から多くの政治工作員が奉天にも進入しており（「満洲日日新聞」一九一一年一〇月一〇日、一一月一四日、一一月二六日、一二月一八日など）、当然、奉天公所はこの地域の情報収集を実施したことが想定される。奉天公所の内実を見てみると日本人は二名（うち一名は女子従業員）、中国人は一六名となっていたから、実質的な活動は中国人を使った情報収集活動だったと推察されるのである（『南満洲鉄道株式会社十年史』）。

ちなみに、一九一七年のハルビン公所の設立はロシア革命勃発と密接な関連を持っている。ロシア革命直後に革命に反対する白系露人が多数ハルビンに移住したために、彼らの情報を収集したり彼らを利用したりすることが緊急の課題となった。そこで急遽《きゅうきょ》ハルビン公所が設立されたのである。また一八年には北京公所が設立されていくが、残された報告書（二三年六月）を見てみると（『現代史資料7　満洲』）、北京における直隷派《ちょくれいは》の動向や民衆の動き、世論動向などが詳しく報告されている。時あたかも張作霖が第一次奉直《ほうちょく》戦争に敗れ東北に撤収した後、彼が第二次奉直戦争に打って出る直前の緊迫した時期で、北京の政治動向が大きな意味を持っていた時期であることがわかる。

このように中国で動揺が走るたびにその拠点に公所が設立されたのである。

日本人移住者の増加

満洲も満鉄もまだ日露戦争直後の荒々しさの余韻を残している一九〇七、〇八年ころ、他方で日本人の満洲移住が始まっていく。すでに中国人移民の数は一三〇〇万人を超えていた。日本人移民の数も徐々にではあるが増加を開始する。

ここに一九〇六年八月時点の営口の日本人戸数調査がある。それによれば、営口の戸数合計は一〇四四戸、人員は七〇八七人、その内訳は男子五一一一人、女子一九七六人であった。職業の内訳の上位五種を挙げれば、下婢《かひ》(使用人)三九四、雑貨店二二六、芸妓一一三、料理店七五、菓子製造六八の順になっていた(「満洲日報」〇六年八月一五日)。

同年九月の奉天の調査でも、戸数四二八、人口一六二〇人で、その内訳の上位五位をみれば、酌婦が三五九人でもっとも多く、以下、雑貨商一二二、料理屋九五、芸妓六五、運送業一七となっていた(「満洲日報」〇六年九月一四日)。

占領初期と相も変わらず芸妓、酌婦、下婢、料理店、飲食店関連従事者の数が多いことがわかる。料理店、飲食店とは大半が淫売宿であり、芸妓、酌婦、下婢はその大半が淫売婦だったという(『北のからゆきさん』)。実際、「芸妓、仲居新来御披露　このたび新たに内地より芸妓、仲居十数名を連れてまいりました。御出で頂いて、ご賞美頂きますようお願いします」(口語体に変更)(「満洲日報」〇六年一月一八日)という宣伝文が新聞の随所に出ているように、この手の商売が主流を占めていたのである。したがって、こんなことでは満洲での日本人の権威は地に落ち、日本人はみな芸妓、酌婦の類かと誤解されるおそれがあり、「日本人民として支那人の軽侮を受けること」が残念だといった論調も見られた(「満洲日報」〇七年四月二五日)。

移住した日本人たちの生活費も日露戦争後しばらくは割安だった。米は中国米、日常生活品も十中八、九が中国品で、すべて城内の中国市場で買い求めていたので、不自由した反面生活費は中国人並みに抑えられていた。ところが、その後交通が発達し日本人向きの商店が増え、生活程度が上昇すると、出費が増して日本人の生活難がはっきりしてきた。同じものでも日本人の店と比較すると中国人の店のほうが数段安いのである。

満洲での日本人草分けの一人である機械商の藤田九一郎は「邦人生活の今昔」(『満洲草分物語』)なる談話のなかで上記のことを談じたあと結論として「我々は既往に於ける生活状態を時々思ひ返して、郷に入つては郷に従へとの喩通りに、土地の物を多く利用する様にして、成るべく運賃の多くかゝるものを避けると云ふ事にしなければ、今後満洲人との競争に於て前途大いに憂ふべきものがありはしないかと思はれる」と述べていた。

特産大豆と貨幣流通事情

すでにふれたように、一八六〇年代以降、満洲が営口開港によって海外に開かれたあとに生じた大きな変化は、大豆三品がその最大の輸出品になったことだった。大豆の取引網が満洲で形成されはじめるのは一九〇〇年代になってからで、それは大豆が国際製品として認知される時期と時を同じくする。特にドイツなどで大豆油がマーガリンの原料となるにおよんで、その輸出量は急増し、一九〇六年を一〇〇とした場合、四年後の一九一〇年には七三二と七倍以上に増加し、「世界的貿易品」(『満洲大豆論』)に成長していった。

この特産大豆の世界製品への成長過程は、同時にその利益の独占を目的とした糧桟《リヤンツアン》、官銀号の設立と成長の過程でもあった(図表2参照)。この図でいう糧桟というのは、農民から大豆を収集し選別、貯蔵し、それを加工業者や輸出業者に売り渡す商人であり、かつ高利で農民に金を貸し与える金融業者であり、多くは大地主でもあった。官銀号というのは日本でいう官営銀行に該当するもので、東北各省の中央銀行に当たるものであった。官銀号は、発券機能をもって各種通貨を発行するだけでなく、租税が集中する省金庫としての機能を有していた。しかも附属機関として糧桟などを経営し、通貨乱発で大豆買い占めを行い巨額の利益を上げていた。官銀号の創立年を見ると黒龍江省官銀号と東三省《とうさんしょう》官銀号の創立は一九〇五年で吉林永衡官銀銭号は〇九年だから、いずれも大豆が世界製品にデビューする時期に設立されていた。

一般に満洲農村を支配するのは「銭匪《せんぴ》と吏匪《りひ》と警匪《けいひ》」（『小山貞知と満洲国』）と称されていた。「銭匪」とは官銀号や類似の紙幣を発行する銀行幹部で、彼らは「吏匪」と称された官吏や「警匪」と称された巡警と結託して農民を収奪したのである。

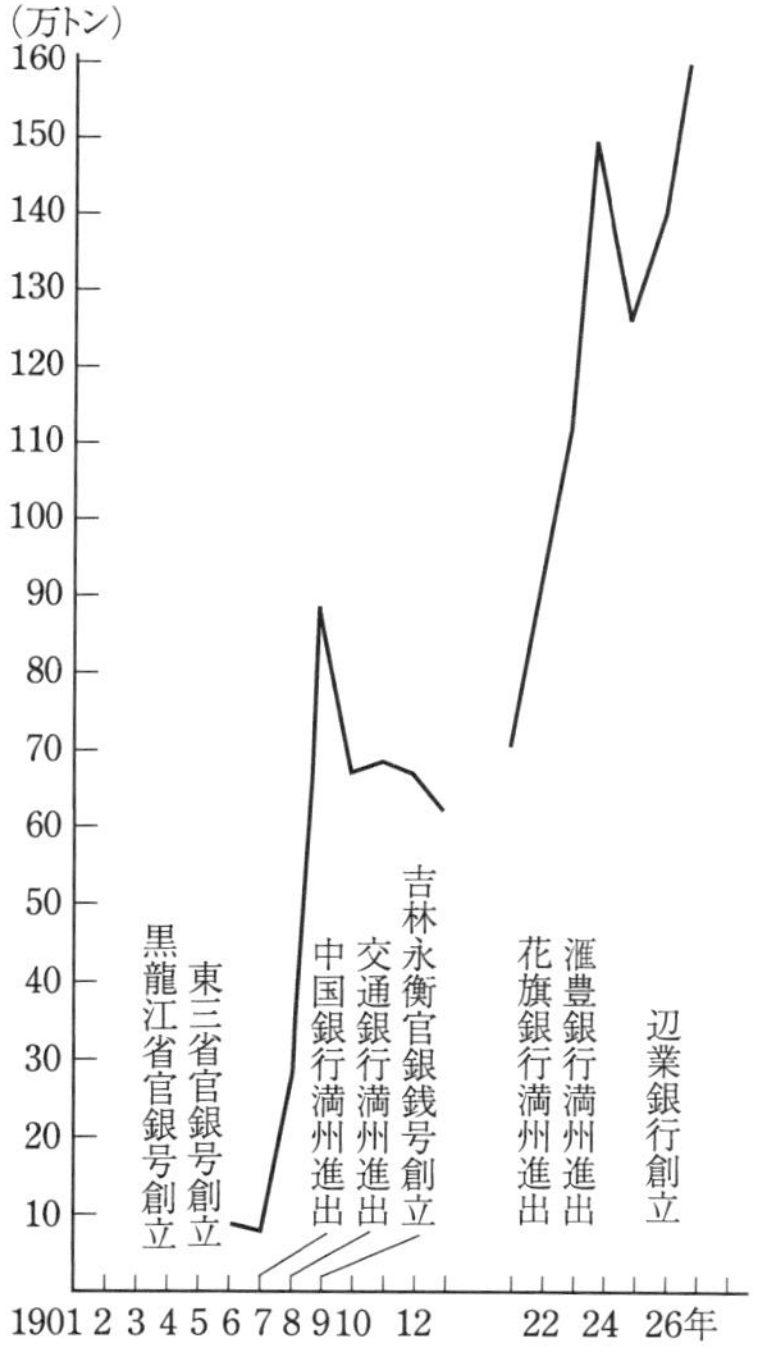

注：満鉄調査部『世界経済界に於ける大豆の地位』（1930年），42～43頁

図表2　大豆輸出量の変化

しかもこれらの官銀号は、明確な法令もないままに、それぞれの機関が個別の通貨を発行したため、その種類は「紙種一五、券種一三六」にのぼり（『満洲中央銀行十年史』）、日々相場が立って、各貨幣の価値がそのつど変動するのが日常だった。さらに銀貨の場合には、鋳造、切断、溶解は自由だったため偽造贋造貨幣も多く混ざり、加えて中国人が主に使うこれら銀に裏付けられた銀系の官銀号券のほかに、金系通貨の朝鮮銀行券も日本人の間に流通していて、金銀比価の変動にともないそのつど交換比率が異なるという、まことに複雑な貨幣流通状況が現出していた。

金銀比価の変動にとまどう日本人

こうした満洲での貨幣流通状況は、しばしば日本人居住者を困惑させたという。日本人が使う円は金系通貨であり、中国人が使用する官銀券は銀系通貨である。当然、両者の間には金銀比価の変動があるわけで、日常的に換算率を想定した売買行為が求められるのである。一方、日本国内では円通貨で統一されているわけだから、そうした行為を行う必要はないわけで、満洲へ渡った日本人は、そこではじめて為替換算に直面することとなる。しかも銀系通貨といっても一種類ではなく、全部で数十、数百種類におよぶとなれば、その複雑さ、煩雑《はんざつ》さは想像を超える。これらの種々雑多な貨幣は、満洲各地で開かれている銀市場で勝手に相場が立って勝手に交換されている状況だった。

中国人は、貨幣の換算授受に慣れているため、こうした状況に不便は感じていないが、不慣れな日本人は、不便を感じるだけではなく、場合によっては、不当な交換比率で取引を行った結果多大な損害をこうむる例も少なくはなく、「日本人の発展上一大妨害となる」(「満洲日報」一九〇六年一二月二五日)と警告を発していた。日本人は、金銀比価の変動にも即座に対応できず、偽造贋造通貨への対応も不慣れで、受け渡しのたびごとに品位や重量を確定して取引をするため、その煩雑さを我慢して交渉の過程で有利な取引を成り立たせることは、日本人にとって至難の業《わざ》だった。むしろ長年の習慣で、これに精通した中国人商人には大きく水をあけられて厳しい取引を強要されることが多かった。しかも中国人は、この未整備な貨幣制度を逆に利用する形で利ざや稼ぎをやるわけだから、日中の差はますます大きくなっていったのである。

辛亥革命

一九〇六年、清朝は増祺《ぞうき》に代わって趙爾巽《ちょうじそん》を盛京将軍に就任させ、活動を開始する。彼は意欲的に改革に取り組み、冗費を節約しアヘン吸飲を禁止し教育に力を注いだ(『奉天三十年』下)。彼は、一九一一年に清朝最後の東三省将軍として再度就任する。この間、短期間に徐世昌《じょせいしょう》、錫良《しゃくりょう》と交替し、再度趙爾巽が将軍に就任すると、その直後に辛亥革命が勃発している。

辛亥革命は、中国全土に大きな影響を与えた。そして満洲もその例外ではなかった。この革命勃発前から、清国政府はその予兆を感じ取って、日本に留学していた清国留学生に監視の目を光らせていた。というのは、一九〇六年冬に武昌《ぶしょう》、漢口《かんこう》で逮捕した革命党員の多くが日本留学組であったこともあり、日本帰国組をマークしていたのである（「満洲日日新聞」〇七年三月二〇日）。それから四年後の一九一一年一〇月、洋式軍隊内の革命団体が武昌で反乱蜂起すると、一ヵ月の間に中国一六省がこれに呼応し、一二月には南京に孫文を臨時大総統とする中華民国臨時政府が樹立された。そして翌一二年二月、宣統帝《せんとうてい》溥儀は退位し清朝は滅亡した。

「満洲日日新聞」に辛亥革命の報道が現れるのは一九一一年一〇月一三日で、「革党員捕縛」「湖北革命騒」「革命乱」の見出しで語られる革命党員の蜂起の報道である。ただし、これは小さな囲み記事にすぎない。ところが翌一四日以降になると、一面トップで「湖北革命乱」「湖北大反乱」と題して武昌での革命党の反乱蜂起が報じられる。以降連日一面トップで、革命が中国全土に拡大していくさまを報じていくのである。

当初、この革命が中国中部の武昌で発生したこと、指導者孫文をはじめ革命党員は主に南部で活動していたこともあって、中国東北への波及には多少のタイムラグがあった。「満洲日日新聞」では毎日トップ記事で革命動向が報じられるなか、一七日には、東三省総督の趙爾巽は「我が東三省の如き目下の処静穏なりといえば静穏なるに似たるも何時何処に如何なる事態を発生し来るやも測り知るべからず」（一九一一年一〇月一七日）との弁を憂色禁じえざる表情で語ったという。たしかに当初は「馬賊蠢動《しゅんどう》」程度の記事が紙面に躍るだけだった。もっともそれは表面上のことで、実は奉天総督府は警戒厳重を極め、戸口調査で旅客をチェックし、革命党員を物色、信書を秘密裡に開封するなど厳しい厳戒態勢を布いていた（一九一一年一〇月二〇日）という。

奉天にあってこの革命運動の波を武力で鎮圧するのに活躍したのが、奉天前路巡防隊統領の張作霖だった。彼は、革命運動を鎮圧する一方で、袁世凱《えんせいがい》と手を結んで、彼が臨時大総統になる道を支え、陸軍中将、第二七師長に就任している。ちなみにこの二七師というのは、張作霖軍団のエリートとして、その後の彼の軍事力の中枢を担うこととなる。その後、張作霖は奉天省のトップの座をめぐって、北京から派遣される将軍との厳しい競争と角逐を余儀なくされるが、彼が奉天省長に就任するのは一九一六年のことであった。張作霖の登場と活動に関しては、また項を改めて論ずることとしよう。

第一次世界大戦と二一ヵ条の要求

一九一四年にヨーロッパで勃発した第一次世界大戦は、アメリカや日本など直接戦場とならなかった国々に特需をもたらした。大戦景気に沸いたのはアジアでは日本だけではない。朝鮮や台湾、そして中国もその余波を受けて好景気が市場を支配しはじめていた。

人々の注意がヨーロッパ戦線の動向に向けられていた一九一五年一月、日本政府は、中国の袁世凱政権に対して二一ヵ条の要求を突きつけたのである。一月一九日の「東京朝日新聞」は、「一八日北京特派員発」として「日支密議▽日置公使（袁）総統訪問」という小さな囲み記事を掲載していた。むろん訪問の要件は不明だった。しかしその内容が内外に知られるのにさほどの時間は必要なかった。五号からなる要求内容は、第一号が山東半島の旧ドイツ利権の継承、第二号が満洲・東部内蒙古権益の拡大・延長、第三号が漢冶《かんや》萍公司《ひょうコンス》の合弁化、第四号が華中・華南の鉄道敷設権問題で、これらは要求であったが、最後の第五号は希望項目で中国への内政干渉項目が盛り込まれていた。

最後の第五号が漏洩《ろうえい》すると内外で紛糾、中国では上海を中心に反日ボイコット運動が急激に高まった。反日運動は東北にも波及し、排日熱が高まるなかで、「居留民の引上げ」「撫順警戒厳」（「満洲日日新聞」一九一五年四月六日）、「大連駅の大混雑」（七日）といった混乱状況が生まれた。張作霖も一時日本の要求に怒りを示し袁世凱から軽挙妄動するなと警告される一幕もあり（三月二五日）、息子の学良も反日デモに参加した。実際には、第五号は削除、第一号もワシントン条約の一環として二二年の九ヵ国条約にしたがって中国に返還された。しかし満洲と深いつながりをもつ第二号は、国際世論の強い反対にもかかわらずそのまま最後まで持ち越された。

ロシア革命

しかし、満洲自体により大きな衝撃を与えたのは、その二年後の一九一七年に勃発したロシア革命だった。辛亥革命は中国中南部が中心で、満洲はどちらかといえば周辺に該当したが、ロシア革命は、満洲と陸続きのロシアが舞台だっただけにその影響は強烈だったのである。しかもその後、日米英仏など一五ヵ国による革命干渉戦争（シベリア出兵）が行われたことも重なって、満洲は戦場の一部と化し、大きな混乱に見舞われた。

ロシア革命に対する満鉄の反応は早かった。満鉄は一七年六月、理事の川上俊彦をロシアに派遣し二月革命以降のロシアの状況を視察させた。川上は帰国後の一七年一一月一五日に外務大臣本野《もとの》一郎に対して、二月革命以降十月革命勃発までの詳細な「露国視察報告書」を提出していた。この報告書で川上は、ロシア革命にいたる歴史、鉄道、財政状況、講和の可能性に言及するなかで、「労兵会」を軸に「社会主義の普及を画策」するボルシエヴィズムが「速やかに戦争を停止せんことを企図し将来政治上及び経済上の危機に乗じて政権を掌握し以て彼ら最後の目的たる社会的革命を遂行せんとするにいたるはけだし自然の勢い」だという見通しを述べていた（『日本外交文書』大正六年）。

川上の意見書は、当時の主だった政府要人である寺内首相を筆頭に外相本野、寺内を次いで総理となる原敬《はらたかし》はもとより、この時期の日本の外交政策決定に重要な役割を演じた臨時外交調査会のメンバーにも伝えられた。特にシベリア干渉戦争に積極的だった川上の意見は、臨時外交調査会で報告され寺内の対露外交政策に大きな影響を与えた（『ロシア革命と日本人』）。こうして日本は、英米と歩調を合わせてシベリア干渉戦争へと突入していくこととなる。

ところでロシア革命が満洲に与えた影響は、それだけにとどまらない。その後も隣国ロシアの動向に大きな関心をよせつづけた満鉄は、調査課を中心に活動を積極化させた。ロシア人が多数居住しロシア情報が集中するハルビンで、二三年四月にこれまでのハルビン公所をハルビン事務所へと改組し、ここに新たに調査課を新設し活動を開始した。こうしてロシア革命を契機に満鉄調査課は、日本におけるロシア動向調査研究の権威ある機関へと上っていくのである。

第3章

奉天軍閥と対立する日本
——第一次大戦から満洲事変まで

元関東軍司令部（旅順）

1 東北の新たな覇者・奉天軍閥

一九一〇年代の第一次世界大戦を前後する時期に東アジアは激動の時期を迎え、かつそのなかから新しい指導者が姿を見せる。それ以前の帝政を支えてきた政治家たちは次第にその影を失い、新しい発想を持った政治指導者が東アジアに登場する。中国東北では、奉天軍閥の雄、張作霖であり、その後継者の張学良である。彼らは、一面で軍閥という古い殻《から》をまといつつも、近代化という新しい装いも整えて東北政治の主役へとなっていく。この変化を認識することなく、軍閥の古いイメージで満洲をみることは、大きな誤謬《ごびゅう》であった。

張作霖

奉天軍閥領袖《りょうしゅう》・張作霖の満洲政治界への登場は、第一次世界大戦より一〇年あまり前の日露戦争の時期までさかのぼる。彼の出自《しゅつじ》、素性《すじょう》は明らかではない。彼は一八七五年、現在の遼寧省海城県に生まれている。父親は農民だったが早世したため、彼は母方の祖父に引き取られ、育てられた。日清戦争後に帰郷した張作霖は、緑林《りょくりん》(馬賊)の仲間入りをした後、湯玉麟《とうぎょくりん》、張景恵《ちょうけいけい》、張作相《ちょうさくそう》らと組んで官に帰順し、東三省総督趙爾巽の配下に属して活動している。

趙爾巽については前述したのでここでは繰り返さないが、湯玉麟、張景恵、張作相については簡単に触れておこう。湯は朝陽出身だが、生年月日は不詳で、緑林に投じ日露戦争前後に張作霖の部下となり、張作霖指揮下の第二七師の団長から旅長を務めた。張景恵は奉天省台安の出身だが、彼もまた生年月日不詳である。ただ、張作霖よりは年長で、緑林時代は張景恵のほうが張作霖よりは先輩であった。張作相もまた張作霖、張景恵と時を同じくして緑林の世界に入り、張作霖指揮下で第二七師の団長、旅長、師長代理そして師長

張 作霖

張 学良

へと昇進している（『奉天派の新人旧人』）。

つまり湯玉麟、張景恵、張作相らは、いずれも後に張作霖の部下として、彼が育てた第二七師の幹部を歴任しているのである。

ところで、張作霖本人だが、彼は一九〇四年に日露戦争が勃発し、日露が満洲の地で干《かん》戈《か》を交えるなかで、日本側を支援する活動を展開した。一九一一年に辛亥革命が勃発すると、部下を率いて奉天に入城し、革命運動を鎮圧している。彼はこの功績により袁世凱から第二七師長に任命され、次第に奉天の政治的・経済的実権を握り、一六年には奉天督軍兼省長に就任して奉天省を完全掌握することになる。

張が奉天省の軍事・政治の実権を握った意味は大きかった。なぜなら省政府が最高の統治行政単位で、ここにすべての権限が集中されていたからである。しかも奉天・吉林・黒龍江の東北三省のうち、奉天省が東北の政治・経済・文化の中心地で、この地域の要の位置を占めていたからである。

その後、張作霖は、一七年には黒龍江省の政治支配を進め、さらに一九年には吉林省を武力制圧して東三省の支配権を確立した。張作霖は、省内の商会、農会を掌握して徴税基盤を確保し、省の官銀号（中央銀行）を使った特産大豆の買い占めと相場変動の利ざやで膨大な収益を上げ、これを資金に軍備を拡充、日本のバックアップを受け北洋軍閥の内紛にからんで東北から関内に進出した。

この頃、段派の徐樹錚《じょじゅそう》を伴い天津の日本総領事館を訪問した張作霖と面談した領事館員の石射猪太郎《いしいいたろう》は、彼の印象を「大衫馬褂児を着流した小柄の中老、始終伏目がちに物をいい、それと知らなければ、市井の一商人と見たかも知れない柔和と平凡さである。伝えられるこの人の果断、剛腹、非人情は一体どこから迸り出るのだろうと、私は奇異の眼をもってその挙措を見守った。私が張作霖を見たのは、この時が初めてであり、終りであった」（『外交官の一生』）と回想している。これに似た印象は、彼と面談した多くの人物が書き残しており、彼の肖像写真もそれを裏付けている。

彼は、一九二〇年七月の安徽《あんき》派と直隷派の華北での戦闘では安徽派と結んで戦っている。一九二二年四月におきた第一次奉直戦争では直隷派の呉佩孚《ごはいふ》に敗れ、いったんは関内から撤退し、満洲での地固めを行っているが、一九二四年九月の第二次奉直戦争では直隷派の馮玉《ひょうぎょく》祥《しょう》のクーデターにより逆に呉を破り、その勢いを揚子江周辺まで拡大した。

しかし南進する張作霖に対する反発は大きく、一九二五年には孫伝芳《そんでんほう》、馮玉祥が相次いで反撃し、同年、部下の郭松齢《かくしょうれい》が馮玉祥と組んで反乱を起こすにおよんで張作霖の運命は風前の灯火《ともしび》となった。このとき、張作霖の軍隊は満洲や華北地域に広範に展開しており、張作霖は反乱に対応できる十分な兵力を手元に有してはいなかった。しかし関東軍司令官白《しら》川義則《かわよしのり》が郭松齢の満鉄附属地進入を禁止したため、郭の作戦行動に齟齬《そご》をきたし、この間に張作霖は兵を結集して郭松齢の反乱を打ち破った。著者は遼寧省檔案館《とうあんかん》で、張作霖に逮捕・殺害され、マグロのように打ち捨てられ、さらし者にされた郭松齢の死体写真を見たことがある。あの優男《やさおとこ》の張作霖の仕業とは思えぬ極度の残酷さで、中国政治の厳しさの一端を垣間見た感じだった。こうして張作霖は何とか郭の反乱をきりぬけたが、日本軍の支援を受けたことでその評判を大きく低下させた。

他方、一九二五年頃から蔣介石率いる国民政府軍が関内統一に動きはじめたが、張作霖は、山西省の閻錫山《えんしゃくざん》、山東省の張宗昌《ちょうそうしょう》、長江流域に陣取る孫伝芳と連合し蔣介石を迎撃、二七年には蔣を撃退している。しかし国共断絶後勢力を回復した蔣介石は、国民革命軍総司令として二八年七月、北上を開始した。いわゆる「北伐」のスタートである。張作霖は、これに対し諸派を結集、自らは安国軍総司令に就任し「赤化防止」を叫んで蔣介石に対抗した。しかし張作霖の軍は北伐軍に連戦連敗し、ついには北京を放棄して東北への撤退を迫られることとなった。

敗戦を続けるなかの二八年六月、張作霖が列車で北京から東北へ帰還する途中、列車が奉天近郊の京奉線と満鉄線がクロスする地点に差し掛かったとき、橋梁《きょうりょう》に仕掛けられていた爆薬が爆発、列車は天井が吹き飛び、張作霖は重傷を負った。この列車には呉俊陞《ごしゅんしょう》、軍事顧問の儀我誠也《ぎがせいや》少佐と後に満洲国総理となる張景恵も同乗していたが、呉が即死したほかは難をまぬがれた。張作霖は急遽病院に搬送されたが、六人の妻のなかで彼のお気に入りの第五夫人にみとられながら死去した（『沈阳文史资料』第六辑）。享年五三。

張作霖を暗殺したのが河本大作《こうもとだいさく》指揮する関東軍部隊だったことは、よく知られた事実である。蔣介石率いる国民革命軍の影響が張作霖の撤退とともに東北に及ぶのを恐れた関東軍の一部の将校は、張作霖の爆殺を契機に東北の直接軍事占領をたくらんだのである。爆破のスイッチを押したのは独立守備隊中隊長だった東宮鉄男《とうみやかねお》大尉。彼は満洲移民を推進し「満洲移民の父」とも称された人物だが、後に日中戦争に従軍、浙江省平湖県《せっこうしょうへいこけん》での戦闘で戦死することになる。

奉天軍閥の財政基盤

では、満洲の地に君臨した奉天軍閥とは、どのような政治・経済・文化を秘めて東北に登場し、そして消えていったのか。張作霖個人から、やや視野を広げてその内実を見てみることとしよう。

一九一六年に張作霖が奉天督軍兼省長に就任した時点で、彼は満洲支配の足がかりをつかみ、一九年に吉林省を制圧したことで、ほぼ東北三省の支配権を確立し、奉天軍閥を名実ともに打ち立てたといえるだろう。前述したようにこの時期は満洲大豆が世界的貿易品として短期間に急速に注目を浴びはじめた時期と軌を一にする。そしてこの満洲大豆の世界商品への成長過程が、同時にその利益独占をねらう糧桟、官銀号の設立・成長過程でもあった。

官銀号が糧桟と結託して「紙幣発行益」と「大豆販売益」を独占し、租税収入をここに集中することで、官銀号は省の金庫へと変わったことは前述したとおりである。張作霖は、省長としてこの宝の山を独占した。張作霖と彼の部下は、広大な土地を所有する大土地所有者であり、かつ官銀号、糧桟、炭鉱、鉱山、鉄道・運輸の所有者か大株主でもあった。こうして張作霖と彼の部下たちは満洲の富を独占することで東北の覇者へとのし上がったのである。

次に張作霖傘下の奉天省の財政状況を見てみよう。図表3に見るように、国家予算を見れば歳入の大半は統捐《とうえん》と称された農産物移動に課せられた出石税・通過税・鎮場税であり、特産大豆売買に関わる税金だった。この税は一九二四年以降、うなぎのぼりに急上昇する。この増加は、大豆取引の増加そのものにも起因するが、最大の理由は張作霖の増税政策によるもので、二六年一一月には最大の特産大豆納税団体である東三省商務会連合会の反対声明を生み出すほどだった。

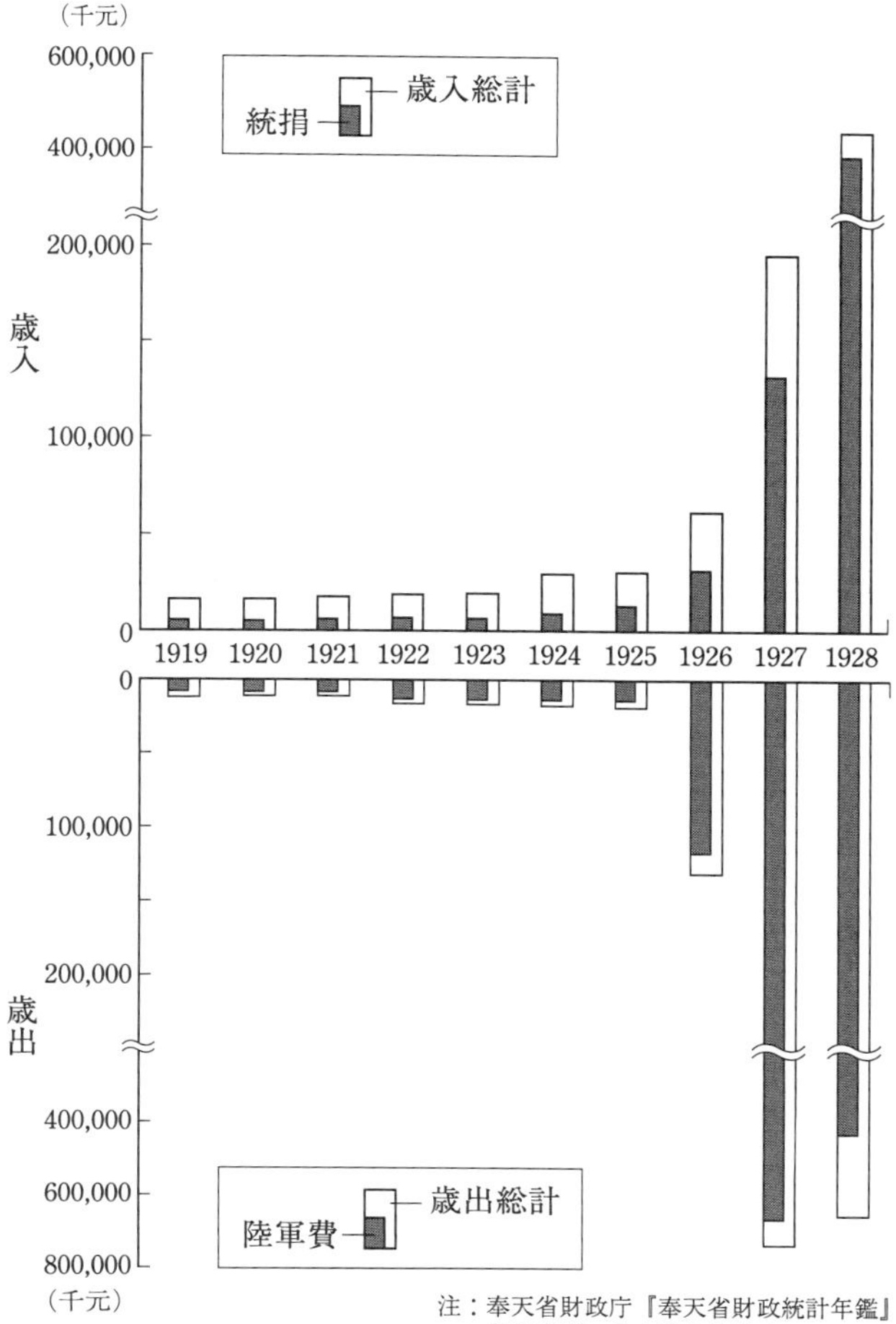

注：奉天省財政庁『奉天省財政統計年鑑』各年度版，その他より作成

図表3　奉天省の歳入・歳出

では、歳出はどのようであったか。前ページ図表3に見るように支出の大半は陸軍費、つまりは軍事費であった。二四年以降、軍事費が急増するのは、張作霖の関内（万里の長城以南）進出にともなう戦線の拡大と無関係ではない。事実、一九二〇年代末の奉天軍閥の兵力を見ると、三六万五〇〇〇余、保有する武器は小銃三〇万余、機関銃一三〇〇、迫撃砲一〇〇〇、火砲五八〇、飛行機一九〇余であった。当時、最大の兵力を有していたといわれる蔣介石指揮下の軍が、人員六一万九〇〇〇余、小銃四七万九〇〇〇余、機関銃二四〇〇、迫撃砲一〇〇〇余、火砲八三〇、飛行機一四〇である。両者を比較すると、奉天軍閥の兵力がいかに強大であったかは、一目瞭然であろう。奉天軍閥は、他の軍閥を一頭地抜いて蔣介石に次ぐ第二の軍事力をもち、飛行機では蔣介石の軍を凌いでいたのである。

こうした軍事力を維持するために、張作霖は中国一と称される兵器工廠《こうしょう》を有していた。この兵器工廠は一九〇二年に設立され、張が奉天省の実権を握った直後の二〇年当初には、わずかに銃器、弾薬の修理や製造をするにとどまっていたが、二二年、砲製造技術専門家の韓麟春《かんりんしゅん》を総責任者に迎えて体制を整備し、二三年になるとその名も東三省陸軍兵工廠と改名し、大拡張され工員三万名を擁する総合軍工廠へと変貌したのである。アメリカからの輸入車をモデルに自動車生産も手がけはじめていた（『東北年鑑』、『支那年鑑』）。

張学良

関東軍の河本大作らによる張作霖の爆殺は、奉天軍閥にとって最大の危機だった。なぜなら、この混乱に乗じて関東軍が直接軍事支配に乗り出す可能性が濃厚だったからである。張学良は、父親の死の事実を隠し通し、時間を稼ぎながらその後継者に就任するという離れ業をみごとにこなして、関東軍につけいる隙を与えず、奉天軍閥を率いることになる。

その彼は張作霖の長男として一九〇一年、遼寧省海城県（一説には合安県だという説もある）に生まれている。張作霖の後継者として幼少の折から英才教育を受けて育った学良は、辛亥革命後のナショナリズムの洗礼を受け、一五年には日本の「二一ヵ条の要求」への反対運動に参加している。一九年には張作霖が創設した軍幹部養成学校の東三省講武学堂第一期生となり、優秀な成績で二〇年に卒業、巡閲使署衛隊旅団の旅団長に就任している。その時の参謀長が、後に張作霖に反旗を翻す郭松齢だった（『張学良年譜』）。

張作霖の関内進出後は、父のもとで中国各地を転戦、武功をあげて少将に昇進、二一年には訪日している。日本滞在中彼は陸軍の大演習を観戦しているが、そのときの日本軍人の威圧的態度に強い反発を覚えたという（『張学良―その数奇なる運命』）。二五年に郭松齢の反乱に直面するが、彼は上手に処理して体制を立て直す。二七年には陸軍大将に昇進、「青年将軍」の異名をとる。しかし、蔣介石軍の「北伐」には苦戦を続け、関東軍による父親爆殺事件に出くわすこととなる。これをまたうまく乗り切ったことは前述したとおりである。二九年吉林総領事だった石射猪太郎は、初対面の張学良を評して「秀才型の色じろの美男子」（『外交官の一生』）と記していた。

ところで、父の死に冷静に対処して奉天軍閥の領袖の座に就いた学良は、急速に蔣介石に接近する。父を暗殺した関東軍に対する憎しみと、蔣介石が進める「北伐」が時代の潮流と読みきったうえでの行動だったと推察される。張学良は、日本の誘いを断り、二八年一二月二八日易幟《えきし》（旗を変えること。これまでの五色旗から国民党の青天白日旗に変えること）を表明し、東北辺防軍総司令に就任、国民党への帰属を宣言したのである。さらに二九年一月には張作霖時代からの幕僚で親日派の巨頭だった楊宇霆《よううてい》と常蔭槐《じょういんかい》を暗殺し、親日派を一掃し権力基盤を固めると、東北近代化に着手していった。

残る伝統的組織――商会・農会・保衛団――

ここで張作霖・学良二代の奉天軍閥を支えていた中間媒体として、商会、農会、保衛団を取り上げておこう。これらは、省政治を支える組織で、郷村統治はこれらの団体を通じて行われた。

　まず商会だが、この起源は遠く清朝時代の商人組織である商帮・荘客・公館などにさかのぼるという。奉天、営口の商会がもっとも古く、奉天商会の設立は一九〇二年（『満洲に於ける商会〈増補〉』）であるといわれるように、満洲で商会が設立され拡大を遂げたのは一九〇〇年以降、つまりは満洲が世界貿易の波に大きく洗われて以降のことだった。この商会はその後一九〇三年に「欽定商会章程」により省政府に認知された団体として急速に満洲全土で組織され、満洲特産大豆の輸出の拡大とあわせて各都市の有力商人を組織した一大勢力となっていった。この組織は、商業のみならず、市政に関する事項、警察業務を管掌《かんしょう》し、道路・土木行政などの勧業事務にも携わり、商人に対する公課を徴収する業務も担当した。一九一五年には日本の「対華二一カ条の要求」に反対、日本製品ボイコット運動を組織している（『瀋陽文史資料』第一輯）。商会は、都市の地方自治体的機能をもって営業税の徴収などを委託され、張作霖を支える機構として重要な役割を演じたのである。

　いま一つは農会と保衛団である。いずれも地主や富農

（単位：円，％）

	一戸当	一人当	比　率
国　　税	3.06	0.47	16.0
県　　税	4.98	0.77	26.3
村費屯費	10.93	1.69	57.7
合　　計	18.97	2.93	100.0

注：満洲国実業部臨時産業調査局『租税公課篇—北満・南満農村実態調査報告書—』(1936年), 343～344頁

図表4　一戸当・一人当租税負担

の指導下で結成されたが、保衛団が自然発生的に生まれたのに対して、農会は農業振興や農村金融体系に重要な役割を担い、一九一五年の「農会法」に従って積極的に組織された。農会は前述した商会同様に租税徴収機構としての役割を演じ、その際屯を防衛する保衛団の費用は屯費からまかなわれたが、その額は前ページ図表4に見るように非常に高額であった。これは一九三五年の満洲南部農村実態調査に基づくもので、一戸あたり一人あたりの租税負担額は、必ずしも奉天軍閥時代のそれではないが、しかし絶対額はともかく一人あたり税負担総額に占める村・屯費は国税、県税を凌駕《りょうが》して高額であった。

これらの伝統的組織に立脚して張作霖は満洲統治を展開した。張作霖は重要な経済事項を決定する際には、商会、農会の代表を招集し、彼らの合意を取り付けて実行した。たとえば第二次奉直戦争に先立つ二四年五月張作霖は、満洲各地の商会、農会など自治団体代表を奉天に集め、増税措置をとることの事前の了解を求めたことはその一例であった(『租税と民族協和問題年表』)。

進む東北の近代化

若き東北の雄・張学良は急ピッチで東北の近代化を推し進めた。前述したようにまず軍備増強の一環として奉天の兵工廠を拡充して中国を代表する軍工廠へと発展させた。

また、満鉄に対抗して独自の鉄道網の構築に力を注いだ。彼は、張作霖が自弁鉄道建設のために組織した東三省交通委員会を東北交通委員会に改組し、満鉄に対抗する平行線の建設を推し進め、大連に対抗してその積み出し港を葫蘆島《ころとう》に定めて、その改修工事に着手した。世にいう「満鉄包囲線」の建設である。

彼は教育にも力を注いでいる。彼自身が第一期生として卒業した東三省講武学堂に加えて、一九二三年からは航空学校を設立し航空士の養成を開始した（『東三省の現勢』）。また大学・専門学校は東北大学、吉林大学を筆頭に十数校を数え、これを頂点として中等・初等教育のシステムが積み上げられていった。張学良時代の就学率は、データがなく不明だが、一九三二年前後の初等学校就学率は一七～一八％と推定された（『満洲建国十年史』）。この数値は、日本と比較すれば決して高い数字ではないが、当時の中国全体を考えれば、決して低い数字ではない。

こうした諸事業を支えた財政問題では、この時期、王永江《おうえいこう》が進めた財政改革を挙げなければならない。王は同治一一（一八七二）年に奉天省金州で生まれ、一九二七年に没している。商家の奉公人の息子に生まれた王は、若い頃から歳貢、明経、進士（いずれも科挙の一種）に合格するなど頭角を現していた。

一九一六年に奉天省督軍署最高級顧問に任命され、さらに一七年に奉天省財政庁長、東三省官銀号督弁と、財政の最高責任者に就任してから、王の実力が発揮されていくこととなる。王は徴税官の不正や中間取得を禁ずる一方で、中央政府に納めるべき国税を手元に留めて歳入に転ずる方策を採っている（『瀋陽文史資料』第四輯）。第一次奉直戦争直後から張作霖は、中央政府と袂《たもと》を分かち財政的にも独立したかたちをとりはじめている。

王永江が掲げた六ヵ条の財政再建策は以下のようなものであった。

「予算の厳守」（奉天省の各種予算の変更は許さない）、「軍費の縮小」（軍事費の一〇分の二を節減）、「政費の節減」（政費の一〇分の一を削減）、「地方費の整理」（県の徴税汚職を防ぐため紳士による監視）、「現銀の保存」（奉天省に現銀一〇〇〇万元を保管）、「内外債の償還」（外債の六ヵ月以内の償還）（『奉天省財政に就いて』）

王永江は、一九一七年に奉天省財政庁長に就任してから二六年に辞任するまでの一〇年間、東三省の財政状況の改善に努力してきた。王永江就任後の一九年から二八年までの奉天省の財政状況は前掲図表3のとおりである。一九年から二一年は第一次世界大戦期の好況を背景にした安定期だといってよかろう。歳入、歳出ともに横ばい状況にあったといえる。二二年から二三年は第一次奉直戦争前後の時期で、呉に敗れた張作霖は、いったん東北に引きこもり体制の立て直しの時期に該当する。歳出では陸軍費が増加しているが、財政赤字にはなっていない。そして一九二四年には東三省金融整理聯合大会を開催している

（『租税と民族協和問題年表』）。

ところが、二四年から二六年にかけては第二次奉直戦争さなかで、陸軍費が急増し、財政赤字が累積化するのである。そして二六年、王は張作霖を批判して辞表を提出、奉天省財政庁長のポストを去ることとなる。王は翌二七年に没している。

彼の努力は、東北財政の健全化にあったが、二二年から二三年にかけては、ある程度それが実現したのである。王を活用したところに張作霖の近代化志向の跡を見ることができるし、王を活用しきれなかった点に張の近代化志向の限界を見ることができる。

ソ中戦争と講和

一九二九年には、張学良はソ連との国境紛争を生み出すこととなる。ロシア革命後、東支鉄道の共同経営権をめぐって、張学良はソ連側勢力の一掃を図ったのである。しかしロシア側は、二四年に奉天軍閥との間で取り交わした協定を楯にそれに応じなかったので、二九年七月、両者は国交を断絶、戦闘状態に入った。現実的な戦闘は松花江《しょうかこう》上での艦艇の砲撃戦となった。八月になるとソ連はブリュッヘルを司令官に攻撃部隊を編制、空陸一体の攻撃を開始した。ソ連軍は、満洲里に近い扎賚諾爾《ジャライノール》で張学良軍を撃破し、さらにハイラルを占領して張学良軍一万を包囲し戦闘能力を失わさせた。この結果、張学良はソ連と和平して一二月に講和が成立したのである（『関東軍』1）。

この戦争は、ソ連軍にとっては、赤軍成立以来最初の外征であったが、その士気の高さ、規律の厳格さを世界に表明した結果となり、その軍事力が見直されることとなった。なお、この戦争でソ連軍と張学良軍は、松花江上の大ウスリー島とタラバロフ島（中国名は銀龍島）の国境線の画定問題で折り合いがつかず、その後の中ソ両国の懸案となっていた。この国境画定問題については、半世紀後の二〇〇五年六月、やっと両国で合意が成立した。

2 日露戦後の日本政治と満洲

さて、ここで、東北の雄、奉天軍閥の話はしばらく置いて、これまで日本の政治家が奉天軍閥を含む東北地域とどう関わってきたかを見てみることにしよう。

関東軍の誕生

日本の政治家と満洲のつながりは、古くは日露戦後の時期までさかのぼる。日露戦後の満洲は日本政治にとっては遠隔の地だった。そこは関東州を統治する関東都督府、鉄道とその附属地を統治する満鉄、それ以外の日本人の居住が許された、いわゆる開放地を管理する領事館に分かれ、拓務省、鉄道院そして外務省の三者がからんでいた。さらに、この地は日本軍がロシア軍を打ち破って奪取したことから、陸軍も大きな力を持っていた。つまりは、日本の各官庁出先の共同統治地域だったのである。

日露戦後は、この地の官僚のトップは長州閥系で占められていた。

この満洲の覇者である奉天軍閥ともっとも密接に関連した日本側の一つのグループが、関東軍であった。関東軍の前身は〇六年設立された関東都督府陸軍部にある。鉄道と附属地を防衛するために、六大隊からなる独立守備隊が設置された。当初は予備役《よびえき》の志願兵で構成されたが、一六年から現役兵をもって構成されるようになった。陸軍部の初代軍司令官には関東都督の立花小一郎《たちばなこいちろう》が就任している。これをふまえて一九年には関東軍が誕生した。誕生間もない関東軍は二二年の山梨《やまなし》軍縮では廃止が決定された。しかし続く宇垣《うがき》軍縮では廃止は二個大隊だけとなり、その後二九年には六大隊編制へと戻った（『関東軍』1）。つまり関東軍は、誕生から一九二〇年代いっぱいまでは、関東州、満鉄沿線の鉄道守備隊として地味な役割に徹していたのである。

政党政治と満鉄幹部の交代

政党政治の時代が到来すると満鉄の活動も様変わりする。日本の政治の主流は、後藤新平や中村是公をバックアップしていた長州閥から、政友会系の政治家へとシフトしはじめていた。一九一三年二月に桂内閣が倒れ山本権兵衛《ごんべえ》内閣が誕生すると、中村是公はその年の一二月に突然満鉄総裁を解任された。彼に代わって、鉄道院副総裁だった野村龍太郎が満鉄総裁に、伊藤大八が副総裁に就任した。伊藤のヘゲモニーのもとで、理事の交代が強行され、犬塚信太郎を除くすべての理事が政友会系に代えられたのである。

こうした動きは、草創期から後藤らと苦楽を共にした満鉄社員の目には、政友会に有利なように満鉄を改組する動きに見えた。しかもこの時期、鉄道院、満鉄、朝鮮鉄道三社の取り決めによる「三線連絡特別運賃」が設定されると、社員の危機感はいっそう高まった。「三線連絡特別運賃」というのは、日本からの輸出品のうち、綿糸布など二〇種類の物品に対して日本の鉄道を使い、朝鮮鉄道を経由して満鉄から満洲に輸出した場合、その運賃を三割がた割引するというものだった。この結果、物流が朝鮮鉄道基軸となれば、本社がある満鉄の拠点の大連が寂れることは必至だった。

こうした野村、伊藤らの動きが古手の満鉄社員の反発を招かぬはずはなかった。反対運動の先頭に立ったのは鉄道部調査課の村田慤磨《かくまろ》や大連駅の駅務助手の竹中政一たちだった。彼らはこの案をいったん認めた理事の犬塚を説得し、理事会への働きかけや世論への訴えを始めた。世論を巻き込んだ古株の満鉄社員の猛反対の前に、この案は事実上の撤回に追い込まれた。伊藤たちは彼らの反対に対して機構改革を計画するが、これも犬塚らの理事や村田、竹中らの反対にあって頓挫《とんざ》し、一四年七月には辞任に追い込まれていった。

この年の一月に、日本海軍の高官がドイツのシーメンス社から贈賄《ぞうわい》を受けていたことが発覚した。いわゆる「シーメンス事件」である。この責任を取って山本内閣が総辞職し、四月に大隈重信《おおくましげのぶ》内閣が発足すると、大隈は野村、伊藤に代わり、軍人で陸軍省の次官、総務長官から八幡製鉄所の長官を歴任した中村雄次郎を満鉄総裁に送り込んできた。こうして内閣が交替すると総裁以下幹部が代わるシステムができ上がっていった。

満鉄疑獄事件

シーメンス事件は収まったかに見えた。しかし総裁人事をめぐって、いま一度騒動が持ち上がる。それは一九一八年九月に寺内内閣が総辞職し、政友会の原敬が首相に就任してからであった。

ことの発端は塔連炭坑買収問題だった。撫順に隣接したこの炭坑を、満鉄が二三〇万円で買い上げようとしたのである。この炭坑は時価一五〇万円程度と見られていたから、それからすれば、不当に高い買い物ということになる。この買収を推し進めたのが、社長の野村龍太郎と副社長の中西清一だった。この野村、中西の時代にトップの名称を社長へ変更している。野村は、前述した「三線連絡特別運賃」問題で満鉄を追われた野村龍太郎である。国沢新兵衛《くにざわしんべえ》が一九一九年四月に辞めたあと、今度は中西と組んで再度政友会側の尖《せん》兵《ぺい》として満鉄に乗り込んできたわけである。中西は東京帝国大学法科大学を卒業後は、内務省から法制局を経て鉄道院理事、監督局長を経て満鉄副社長に就任したが、就任と同時に満鉄の合理化に着手し、理事の首のすげ替えに着手した。

しかも中西は、前述した塔連炭坑の買収に、独断で乗り出したのである。この炭坑の持ち主は政友会の森恪《もりかく》である。中西は、この炭坑を不当に高い値段で買うことで森の政治資金の捻出を図ったと疑われた。これを告発したのが満鉄の興農部庶務課長の山田潤二だった。彼は新聞社にことの次第を暴露する内部告発の挙に出たのである。政友会の政敵だった憲政会がこれに飛びついたことはいうまでもない。一九二〇年の第四四回帝国議会はこの「満鉄疑獄事件」で大揺れに揺れた。

事件は国会から司直の手に委ねられた。第一審では一九二二年一〇月、中西に懲役一〇カ月、小日山直登《こひやまなおと》に同二カ月（執行猶予二年）の判決が下った。両者はこれを不服として控訴し、一年二ヵ月後に東京控訴院で証拠不十分で無罪判決を受けている。

満鉄神話

一九一〇年代の後半から次第に満鉄神話なるものが登場しはじめる。それは、満鉄初期のさまざまな活動が満鉄の基礎を作り今日に至ったという、初期神話伝説である。それは、『南満洲鉄道株式会社十年史』(一九一九年)のなかに集中的に表れる。満鉄の活動は初期に原型が作られそれが継承されていった、という構図である。

『十年史』の序を執筆した理事長の国沢新兵衛は次のように述べている。「幾多創業の困難ありしに関わらず着々歩部を進めて息まず停らず因を以て今日の形成を見現下の地歩をかたむるに至りたるはこれ一に創立委員諸氏が周到なり注意と遠大なる着眼とを以て企画経営をなし(中略)たる結果に外ならず」(序)

しかも後藤新平がいかに困難な状況下で初代総裁を引き受けたかを、十数頁を割《さ》いて解説するのである。後藤の功績を称《たた》える著作は少なくないが、公の社史のなかで、ここまで割くというのは、やや異常の感なきにしもあらずである。以降、『二十年略史』以下の社史が刊行されていくが、こうした扱いはされていない。

『十年史』が出されたのは一九一九年で、その執筆期間が、創立期の理事が大幅に組み換

菊池　寛

えられている時期にあたることを想起すれば、生《は》え抜《ぬ》き連にとっては初期の業績を大きく取り上げることが必要だったともいえるのである。つまり、満鉄創業期の神話を作り出すことで、自己の正当性を証明することが必要だった、といえなくもないのである。そうした意味では、満鉄神話の創造が試みられた、ともいえるだろう。

この満鉄神話は、戦後は、満鉄調査部の基礎は創立期に形成されたとする山田豪一『満鉄調査部』のなかに引き継がれていく。実際は、創立期の動きは、後藤や中村の退社とともにいったんは途切れるが、ロシア革命の勃発とそれへの対応のなかで復活するのである（『満鉄調査部』）。

菊池寛もこの神話の定着化に一役買っている。彼は一九四一年に上梓した『満鉄外史』のなかで、創立から一九三〇年代初頭までの満鉄史をみごとな麗筆をもって描いている。

しかし菊池が描く満鉄外史は、どう見ても野村龍太郎、伊藤大八、中西清一に厳しく、逆に創立期からの満鉄生え抜き社員の村田愨麿や竹中政一に甘いように思われる。少なくとも、こうした後藤新平や中村是公の動きや彼らの野村、伊藤、中西への交代劇が、明治期の藩閥支配の時代から一九二〇年代の政党政治の時代への移行という視点からは描かれてはいない。

菊池が『満鉄外史』を書いたのは、政党政治を否定し、日本が国を挙げて「大東亜戦争」準備に明け暮れた一九四一年であるから、政友会やその関連の政党人への評価が厳しいのも、ある意味では時代の風潮を反映しているともいえる。

しかし、菊池寛のような文豪が満鉄を描くことによって、満鉄イメージがそれに引き寄せられていくことは否定できない。後藤新平や中村是公、さらには初期満鉄を担った満鉄マンが高得点を得る一方で、政友会系の内地派遣組には厳しい点数がつけられる結果となる。

山本条太郎と満鉄

一方、満鉄のほうはといえば、一九二七年四月の田中義一《ぎいち》政友会内閣の成立にともない、同年七月には、満鉄社長に「満鉄中興の祖」と称された政友会の山本条太郎が、副社長には松岡洋右《ようすけ》が就任した。

山本は、三井物産の上海勤務で貿易手腕を発揮し、〇一年には三三歳の若さで上海支店長に就任している。帰国後は三井物産理事、常務取締役を歴任、工場、鉱山の経営に着手した。二〇年には政友会に入党し衆議院選挙に立候補して当選、その後は政界にあって重きをなし、二七年には幹事長に就任している。

政友会の幹事長として山本は「産業立国案」を掲げて、人口問題、食糧問題、金融恐慌、失業問題の解決を主張し、そのため「満蒙分離」を前提に、鉄道網の拡充による満洲開発の促進を強調した。また満洲を農業、鉱工業および移民を受け入れる地とするために満鉄を活用する方針をとり、「大満鉄主義」「満鉄第一主義」を掲げ、権力の集中化を図ったのである。この方針を実現するため、山本は自ら満鉄社長となり、腹心の松岡を副社長に据えて満鉄経営に乗り出した。

山本条太郎

松岡洋右

副社長の松岡は、アメリカのオレゴン大学を卒業後、外務省に入り、外交官としてのスタートを切っている。首席で外交官試験に合格した松岡は、赴任地の上海で山本と邂逅《かいこう》し「刎頸《ふんけい》の交わり」を結び、二一年には満鉄の理事に就任した。

こうして山本と松岡は、満鉄の経営再建に乗り出す。山本は製鉄事業、製油事業、肥料工業の振興、化学工業（マグネシウム、アルミニウム工業）、移民拓植を訴え、「経済化」「実務化」を標語に傘下会社の統廃合を図り、経営合理化を促進したのである。また山本は、懸案の満鉄敷設《ふせつ》問題を松岡と語らって具体化し、張作霖との交渉を通じて吉敦延長線（吉会線）、長大、吉五、洮索《とうさく》、延海の五線の敷設に関する基本的合意を締結した（次々ページ図表5参照）。しかし、この件は、細目の交渉を進める前に張作霖が爆殺されたため、交渉は中断されてしまった。

山本は、こうした一連の政策を実現するために新たに臨時経済調査委員会を作り、ここに実際の立案にかかわる調査活動を委託することとなる。従来の調査部と並存して設置された臨時経済調査委員会は、より実践的な課題の調査が求められた。

日本との対立の深まり

一九二〇年代、奉天軍閥は日本との軋轢《あつれき》を深めはじめる。一つには奉天軍閥が関内への進出を図り、もはや「東北の雄」から「中国の雄」たらんとしていたこともあるが、いま一つは鉄道敷設問題をめぐる日本側と張作霖との対立であった。当時新線を敷設するには奉天軍閥側の了解が必要で、具体的には張作霖との折衝を経て彼の了解を得る必要があったのである。

当時山本側が求めていた新線は、敦化《とんか》から老頭溝《ろうとうこう》を経て図們江《ともんこう》に至る吉会線の一部、長春から大賚《だいらい》に至る長大線、吉林から五常に至る吉五線、洮南から索倫《ソロン》に至る洮索線、延吉から海林に至る延海線であった。いわゆる「満蒙五鉄道敷設問題」である。図表5を見れば明らかなように、これらの鉄道は満鉄の支線として経済的に重要な意味を持ち、かつ軍事的にも西部大興安嶺地域と東部の日本海・朝鮮北部から北満へと抜ける対ソ戦用の鉄道としての役割を持っていた。

この時期、張作霖は中原に鹿を追って北京に滞在していたが、山本と副社長の松岡洋右は、北京に張を訪ねて新線敷設問題の折衝を行っていた。しかしこの折衝はかならずしも順調に進んだわけではない。張は、のらりくらりとはぐらかしながら交渉の長期化を図る。しかも張自身が南方の軍閥や蔣介石と干戈を交えているわけだから、交渉が長期化するのは当然だった。張作霖が山本らの要求を呑み、鉄道工事の許可が出るのは、二八年五月である。張作霖が関東軍に爆殺される一ヵ月前のことだった。

注
一、大正末期における既設鉄道
二、大正十三年の鉄道政策による案
1、優先敷設を要するもの
洮南—索倫《ソロン》線
長春—大賚—安達線
会寧（北鮮）—寧古塔—海林線
2、適当な時期に希望するもの
海林—三姓（依蘭）線
吉林—五常—一面坡線
一面坡—方正線
ハルビン—海倫線
安達—拝泉線
斉斉哈爾—墨爾根《メルゲン》（嫩江）線
通遼—開魯—林西線
三、昭和二年の対張作霖密約による案
敦化—豆満江江岸線
延吉—海林線
吉林—五常線
長春—大賚線
洮南—索倫線
右の内、敦化—豆満江以外は、二の案の該当線と一致

注：防衛庁防衛研修所戦史室『戦史叢書　関東軍〈1〉』朝雲新聞社，1969年，67頁

図表５　大正末期～昭和初期における鉄道建設企図概要図

関東軍と満鉄の交流

関東軍と満鉄社員の接触は一九二〇年代から始まっていた。特に関東軍と満鉄調査部のロシア班のスタッフとの交流は早い時期からスタートしていたが、その動きは大きなものではなかった。満鉄のほうが歴史は古く、老舗《しにせ》意識が濃厚で関東軍を見下す空気があったし、大戦後の反軍的雰囲気のなかで軍に対しては非協力的な風潮が強かったからである。

しかしこうした動きのなかでも、満鉄調査課長の佐田弘治郎《さだこうじろう》やロシア班主任の宮崎正義《みやざきまさよし》らは、関東軍との連携を求めて動きはじめていた。

佐田は学習院卒で〇五年に三井銀行に入行するが、一一年に満鉄に転じ、調査課長としてソ連調査を積極的に進めた人物だった。専門は富籤《とみくじ》論で、旅順の関東軍司令部で講演などを行っている。彼が満洲事変勃発八ヵ月前の三一年一月に旅順で行った「科学的に満蒙対策を観る」と題する講演では、満洲は「日鮮満蒙」の「同一蒙古種」の土地にして中国本土とは分離されるべきだ、という前提で、紛争の折は在満日本人は満鉄と一体で満洲占領作戦を援護すべしと主張していた(『現代史資料』7)。

一方宮崎だが、彼は金沢二中からハルビン、モスクワに留学、ロシア革命さなかの一九一七年ペテルブルグ大学卒、満鉄に入るとソ連班の主任となりソ連ウオッチャーとしての実績を重ねていた。当時の宮崎の出張日記を見ると「大正十五（一九二六）年南支、中支旅行記」には「三月二八日（土）広東……磯谷特務機関長の我等一行への招待あり……珠江を渡り江南の料亭にて磯谷武官の御馳走になる」とあり、一九二七年の「内地出張日記」には「一一月七日（快晴、北風強し）九時支社出勤、社報一覧、直ちに参謀本部に板垣中佐を訪う」と記述されていた（『「日本株式会社」を創った男　宮崎正義の生涯』）。このように一九二〇年代、海外出張した折には日本では参謀本部に板垣征四郎を訪ね、また広東に出張した折には当時広東特務機関長だった磯谷廉介《いそがいれんすけ》を訪ね、交流している。

そんなとき、宮崎は関東軍参謀の石原莞爾と出会うこととなる。宮崎によれば、それは一九三〇年秋、場所は旅順のヤマトホテルだったという。ソ連をテーマに石原の講演依頼を受けた宮崎は満鉄の本社がある大連から関東軍司令部のある旅順に汽車で向かい、講演を行ったというのが石原と宮崎の運命の邂逅だったというのだ。もっともこうした講演依頼なら彼は年に何回かはやっているだろうから、さして珍しいことではないはずだ。

石原莞爾

石原の強烈な印象を宮崎の胸に刻み込ませたものは、その接待にあったという。講演を終わり、会食も終わって大連に向かう車中の宮崎に「石原さんはホームに直立不動、挙手の礼で送られた。何時までも、何時までも。私はその後も随分講演を頼まれたことはあるが、石原さんほどの心遣いをされたことは極めて稀《まれ》である。昭和五年の秋の一日、当時私は大連満鉄本社の一職員に過ぎなかった」。これは、石原莞爾没後一周忌の一九五〇年八月出版された『石原莞爾研究』所収の「秋一日」と題する宮崎の思い出の記の一部である。事実、これを契機に石原と宮崎は一体となって国家改造に邁進することとなる。

石原の「世界最終戦論」

ここで石原が何を考えどんな行動をしたのかを見ておくこととしよう。

石原は一八八九年、山形県鶴岡市に生まれている。仙台地方幼年学校、陸軍中央幼年学校、山形歩兵第三十二連隊を経て陸軍士官学校へと進み、卒業後は新設の会津若松第六十五連隊配属から陸軍大学校へ入学、一八年に次席で卒業。その後、中支那派遣隊司令部付として中国の漢口に一年ほど滞在した後、二二年から二五年までの四年間をドイツで過ごしたのである。史上初の総力戦が展開されたヨーロッパのドイツをじっくり観察した石原は、そこで「世界最終戦論」のアイデアをものにしたのである。

石原によれば、過去の世界戦争史は二つの類型の繰り返しだという。その二類型とは、武力が決定的意味を持つ決戦戦争と、政治的駆け引きが重要となる持久戦争である。古代ギリシャとローマの時代は自由な市民を主体にした決戦戦争が支配的だったが、ルネッサンスからフランス革命までは中世王侯貴族による傭兵《ようへい》の戦闘が中心で、持久戦争の色合いが濃厚だった。フランス革命とともに、革命の息吹《いぶき》を含んだ市民層の登場で、再び決戦戦争の時代が到来する。そして第一次世界大戦が起こると一転して持久戦争の時代となる。機関銃や塹壕《ざんごう》で防御された陣地の強化と、動員令による大量の兵力動員が、決戦戦争を不可能にしたのだ。

ここから石原は未来戦争を予測する。むろん予測の根拠に、滞在していたヨーロッパでの第一次世界大戦の総力戦が生んだ傷跡や人々の体験が潜んでいたことはいうまでもない。将来必ず、一都市を一挙に破壊する殲滅《せんめつ》兵器と、地球上のいずれの地域にもそれを運搬し得る航空機が出現するはずである。こうした兵器の出現は、戦争の性格を持久戦争から決戦戦争へと変えるし、究極にはそれが最終戦争となる。

では、最終戦争は、いつどこで起こるのか。石原によれば、その時期は釈尊の入滅後二五〇〇年が経過した後の二〇一五年から二〇二〇年頃で、場所は太平洋を隔てた両地域、具体的には日本を中心にした東亜国家群とアメリカを中心とした米州国家群との間で起こるはずである――。
この石原の世界最終戦論から導かれる施策は、一つに東亜の連携であり、二つにはそれに備える日満一体の決戦戦争体制の構築である。そのために、長城線以南の関内は中国人の土地として彼らとは連携するが、満洲は、日・朝・満・蒙の共有地として中国から分離・奪取して日本の領土とするというのが石原構想の基本だった。そして、前者は東亜連盟として結実し、後者は満洲事変から満洲国の建国として具体化されていく。

第4章

「満洲国」の時代
——満洲事変から第二次世界大戦終結まで

満洲国建国式典に出席するため長春入りする溥儀（左端の車）

1 満洲国の成立

満洲事変

張学良が北京に、また奉天軍閥の主力が長城線以南に結集し、残存留守部隊が東三省に分散配置されていた空白を狙って、関東軍は一九三一年九月一八日、懸案の満洲占領作戦を実施した。

「一をもって百にあたる」のたとえに立脚して、関東軍は第二師団と独立守備隊総勢一万余の少数兵力をもって、留守部隊とはいえ戦車、航空機、重火器を装備した張学良軍二〇万余と対峙《たいじ》したのである。夜戦訓練を重ね、二四センチ榴弾砲《りゅうだんほう》をひそかに奉天に運び込み、夜襲と威嚇《いかく》射撃で相手の虚を突く作戦を展開した。事実、二四センチ砲発射の地響きと轟音《ごうおん》は張学良の軍隊だけでなく奉天住民をも恐怖に落とし込んだという。

当時北京にあった張学良は日本軍の挑発に乗らぬよう無抵抗を指示したため、奉天軍閥の軍事拠点の北大営《ほくだいえい》は短期間で占領された。後に張学良は無抵抗の理由を、日本軍が満洲全面占領作戦を展開するとは予想していなかった、と回想している（『張学良の昭和史最後の証言』)。

以降、地図に見るように関東軍は、事変直後に奉天を、さらに二一日には吉林をその手中に収め、同日、朝鮮軍は越境攻撃を開始している。そして九月二八日までには袁金鎧《えんきんがい》を奉天地方自治維持会会長に、熙洽《きは》を吉林省長官に引き出し、彼らを使って奉天および吉林省の張学良からの独立を宣言させた。熙洽引き出しにあたっては、吉林に進駐した第二師団師団長、参謀長や抜き身の拳銃をもった参謀たちが「独立宣言か死か」と拳銃を突きつけて彼を脅迫したという(『外交官の一生』)。

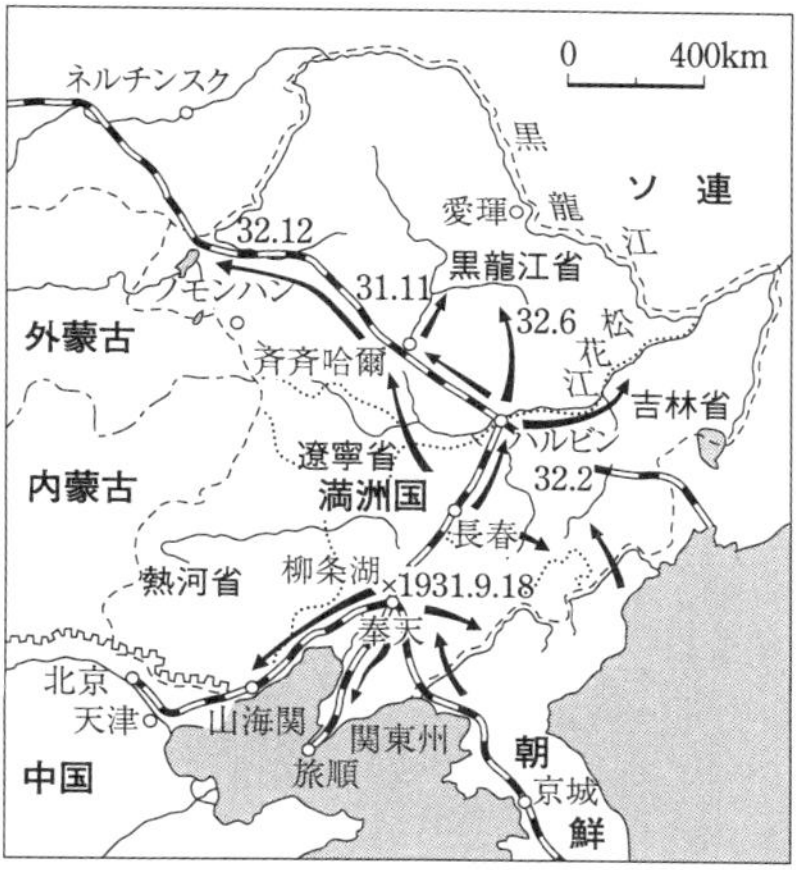

数字は戦闘または占領年月

図表6 満洲事変関係図

さらに関東軍は、吉林省で抵抗する張作相系軍閥軍隊(反吉林軍)を追撃しつつ、他方で洮索で張学良より独立を宣言した張海鵬《ちょうかいほう》を使って黒龍江省の占領をねらい、早期の占領は不可能と判断すると、急遽黒龍江省首席代表の馬占山《ばせんざん》と妥協し、北満の治安の安定を図り、返す刀で三二年一月には張学良の対満反攻拠点の錦州《きんしゅう》を占領したのである。三二年一月には戦火は上海へと拡大し、激しい戦闘は五月まで継続した。

そんななかで各省の主要都市を占領した三二年二月以降は連日のように「新国家建設幕僚会議」を開催し、建国構想を具体化すると同時に、味方に付けうる旧奉天系将領を担ぎ出し、清朝最後の皇帝・宣統帝を執政《しっせい》という名でトップに据えて、三二年三月、満洲国の樹立を内外に宣言したのである。

満洲国の誕生

建国の儀式は三二年三月一日の東北行政委員会委員長の張景恵の建国宣言で始まった。当初は溥儀の臨席により建国式を実施する予定だったが、満洲各界代表による国家元首の懇請を、旅順滞在中の溥儀が一旦は辞退したため、延期を余儀なくされた。三月四日、第二次推戴使《すいたいし》が溥儀を訪問、新国家執政推戴書を奉呈し、溥儀の出廬《しゅつろ》を懇請し内諾を得た。翌五日、張景恵以下の迎接《げいせつ》委員が旅順に赴き三たび出廬を懇請、溥儀は三顧の礼を受けて応諾した。儀式とはいえ、溥儀の出馬は絶対条件だった。

三月六日、溥儀は鄭孝胥《ていこうしょ》、羅振玉《らしんぎょく》ら一行を従え、早朝、車で旅順から大連へ、そして大連から長春までは特別列車で移動する。途中、張景恵らの迎接使を湯崗子《とうこうし》で待って、午後三時に長春に到着した。

建国式典は三月九日午後三時から長春市政公署で行われた。式典の模様を「東京朝日新聞」によりながら再現してみよう。

三月初旬のこの日は、朝から小雪まじりの寒気厳しい日だったという。街は日章旗と五色旗で飾られ、会場の政公署は、赤と青の二色で装飾され、建国の儀式が行われる大広間は、中央の一段高い定座を中心に十数脚の椅子が用意され、周りを白バラなどの草木で埋め尽くされていた。

式典は、国歌を奏《かな》でるなかで、招待者が入場、続いて行政委員会委員、各省区文武官、各省民衆代表、外国来賓が入場、着席することで始まった。鄭孝胥、羅振玉ら清朝老臣代表、本庄関東軍司令官、内田満鉄総裁、森独立守備隊司令官、板垣関東軍高級参謀、駒井関東軍特務部長、東北行政委員会委員長の張景恵、同委員臧式毅《ぞうしきき》、熙洽《きはく》、馬占山《ばせんざん》、コロンバイル王凌陞《りょうしょう》、哲里木盟長斉王をはじめ蒙古王公四名が二列に並び、第三列以下各省区文武官、各省民衆代表、外国来賓が席を占めた。

その後、荘厳なる楽の音とともに侍従武官の先導で、前後に二名の文武官侍従と一名の参議官を従え、絹のモーニングに黒眼鏡をかけた溥儀が入場した。溥儀が着席すると、参加者全員が溥儀に向かって三度鞠躬叩頭《きつきゅうこうとう》の礼を行い、溥儀は一度鞠躬の礼をもって応えた。これを取材していた新聞記者は、執政就任の儀式というよりは復辟《ふくへき》の気分が会場に漂った、と記している。

次いで東北行政委員会委員長の張景恵が黄色のふくさに包んだ黄金色の満洲国璽《こくじ》を、同委員の臧式毅は黄金造りの満洲国執政印を奉呈し、羅振玉が溥儀に代わって執政宣誓を朗読した。その後、外国来賓を代表して満鉄総裁内田康哉《こうさい》が執政就任の祝詞を朗読、その後、一同敬礼して式を終了、溥儀は退席し、儀式は終了した。

「東京朝日新聞」によれば以上のとおりだ。大変盛大に、かつ厳《おごそ》かに執《と》り行われたかのごとく見える。

しかし、これに出席した米国のジャーナリスト、エドガー・スノーは「満洲国の独立がおごそかに宣言されためでたいその日に、溥儀の首都は日本軍の銃剣に取りかこまれていた。のちの即位式の日も同様だった。執政就任の儀式もまったく非公開で、日本人顧問が注意深くえらんだ二百人たらずの人間が出席したにすぎなかった」(『極東戦線』)と語っている。また、当時吉林総領事だった石射猪太郎の言はさらに厳しかった。「溥儀の執政就任式は、長春の塩務権運局で取り行われた。私はこれに参列した。本省の訓令で駆り出されたのだ。いわゆる日満の軍官民の主なる者が、参列したのであるが、式場が狭く飾り付けも簡素で、専門学校の卒業式程度の儀式であった」(『外交官の一生』)という。率直な彼の印象が述べられている。

満洲国の演出者たち

宣統帝溥儀を執政に満洲国が誕生するまでには、幾多の紆余曲折《うよきょくせつ》を経ねばならなかった。満洲事変推進に重要な役割を演じた関東軍参謀の石原莞爾の構想によれば、彼は当初、満洲直接占領を考えていた。しかし事変勃発直後の九月二二日、石原を含む関東軍参謀の会談で作成された「満蒙問題解決策案」では、直接軍事占領構想は後景に退き、「宣統帝を頭首とする支那政権」樹立構想を打ち出し、吉林に熙洽、洮索に張海鵬、熱河《ねっか》に湯玉麟、東辺道に于芷山、ハルビンに張景恵を擁立する方針へと転換していったのである。

「日本軍と真に協力する在満漢民族其の他を見、更にその政治能力を見るに於て」「昭和六（一九三一）年の暮に、それ迄頑強な迄に主張し続けて居た満蒙占領論から完全に転向し」「満蒙独立論」に変わったと石原自身は述べている（『現代史資料』11「続・満洲事変」）。内外情勢を考慮して判断したことだろうが、本音に近い述懐だと思われる。彼は、満洲での漢民族の力を再認識したともいえる。

しかし、一応、表面的には満洲の主要都市を軍事的に制圧し、張景恵を委員長に、臧式毅、熙洽、馬占山、袁金鎧らを委員に押し立てて建国準備を始めた三二年二月の東北行政委員会設立以降になると、委員の間で、先の「満蒙問題解決策案」の「頭首」の内容をめぐり、帝政を主張する熙洽、鄭孝胥らと共和制を主張する臧式毅、袁金鎧、張景恵、馬占山らとの間で意見の対立を生み出したのである。長い議論の末、結局、双方が妥協し、国首を執政に、国号を満洲国に、国旗を新五色旗に、年号を大同に決定した。

この対立は、満洲国の国づくりにも反映された。たしかに奉天、吉林、黒龍江の三省政府の「連省自治」的性格を濃厚に持っていた奉天軍閥の統治機構と異なり、満洲国は、建前としては執政を頂点に、参議院、立法院、国務院、監察院を軸とする強力な中央集権体制がとられていた。しかし内実を見れば、民政部長官には奉天省長の臧式毅が、軍政部総長には黒龍江省長の馬占山が、財政部総長には吉林省長の熙洽がそれぞれ就任するといった具合で、形態は異なっているものの、内実においては旧奉天軍閥時代の「連省自治」的性格を濃厚に持っていた。

しかも三二年三月に成立した満洲国は、成立直後の四月には黒龍江省長馬占山の、同年九月にはホロンバイルで蘇炳文《そへいぶん》の反乱に直面、さらには満洲中南部では張学良と連携をもつ李海青《りかいせい》や唐聚伍《とうしゅうご》らの抗日部隊の抵抗に直面した。建国当初、関東軍はこの反満抗日の運動の鎮圧に多くの兵力を割くことを余儀なくされたのである。満洲国をどの方向に持っていくかは、さまざまなシナリオが入り乱れていた、というのが実相だった。

満洲国「執政」溥儀

ここで、満洲国を演出した人物に光を当てておこう。

満洲国の建国に携わって、天寿をまっとうできた満漢人は少ない。しかし満洲国皇帝溥儀はそうした人物の一人である。辛亥革命の後、退位した溥儀は、紫禁城《しきんじょう》に住むことを許されて外界から隔絶された生活を送ってきた。そこでの実態や溥儀の青春時代の苦悩、一九二二年暮れの婉容《えんよう》との結婚、二四年暮れの紫禁城脱出と日本公使館への避難、二五年からの天津の日本租界の張園、そして静園での生活に関しては、彼の家庭教師だったジョンストンの『紫禁城の黄昏』に詳しい。

溥儀

当時溥儀は、自由と失われた玉座に再度座りたい一心で紫禁城から脱出することを考えていたという(『わが半生』上)。しかしジョンストンが著書の中で適切に指摘しているように、「皇帝が紫禁城を去ると(いうことは)同時に一個の共和国市民となること」であり「そうなれば、君主主義者の陰謀の中心にまつりあげられる可能性は大である」ことだった（『紫禁城の黄昏』）。そして彼は、その指摘どおり、復辟を願う彼と彼の臣下や張勲《ちょうくん》、康有為《こうゆうい》などの宗社党の面々、そしてそれを利用しようとする日本の陰謀のなかに進んで入っていくこととなるのである。

満洲事変後天津から誘い出された彼は、静園をぬけ出すと、途中で変装して小船で天津を脱出、営口で甘粕正彦《あまかすまさひこ》らが出迎え、そこから湯崗子に移動し潜伏していた。しかし、それは「公然の秘密」となっていて、外国通信員は「溥儀の即位日なら、四月一日《エープリル・フール》が最も適している」と皮肉ったという（『外交官の一生』）。

彼は、満洲国の執政というポジションに就いた。執政とはわかりにくい言葉である。かつて一九二四年に段祺瑞《だんきずい》が使用したことがある「行政官の長」を指す曖昧《あいまい》で暫定的な言葉（『紫禁城の黄昏』）を板垣征四郎が再度持ち出して溥儀に就任を求めたとき、最初、溥儀は「執政というが如きは臣下の職名」と拒絶したという（『皇帝溥儀』）。

人相骨相に興味を持つ石射猪太郎は、就任式に登場した溥儀を見て、「私の眼に映じた溥儀氏は、何という不幸な人相の持ち主であったか。さすがにかつて中国の帝位にあった人だけに、どことなく高貴な気品を湛えていたが、その顔面に露呈された凶相が私を驚かした。幼くして帝位を追われて以来、数奇な運命に翻弄され続けた過去の陰影と、今また海の物とも、山の物ともつかぬ満州国に拉し来られた未来への不安感とが醸し出す、不幸な相貌」（『外交官の一生』）と断じていた。

しかし彼は、曖昧なポジションであれ、日本に利用される可能性を計算しつつも、「満洲国」執政として、清朝発祥の地へ帰還したのである。清朝の復辟か、それとも新国家の樹立か、新国家の樹立とすればそれはどんな内容なのか。「共和制」かそれともそれ以外の何物なのか。その点は伏されたまま、とりあえず暫定的な名称の「執政」という存在を戴いた満洲国がスタートしたのである。

初代国務総理・鄭孝胥

溥儀と並んでもう一人の人物を挙げるとすれば、溥儀の第一の側近で復辟派の筆頭だった鄭孝胥であろう。清朝の遺臣たちは、その復活を夢見て溥儀の下に結集した。その代表ともいうべき鄭孝胥は一八六〇年に福建省福州に生まれている。彼は大阪総領事、上海商務印書館支配人、上海儲備銀行支配人などを歴任した後、総理内務府大臣として溥儀に仕えている。二四年、溥儀が紫禁城を退去して天津に移動すると彼も行動を共にし、三一年九月の満洲事変に際しては、溥儀と満洲入りをしている。その後、建国式典を迎えるまでの足取りはすでに記述したのでここでは繰り返さない。

さて、満洲国が建国されると、彼は初代満洲国国務総理に就任する。しかし、清朝の復辟を希求する彼と、別のスタイルの傀儡《かいらい》国家づくりを模索する関東軍の間で対立が深まり、帝政移行後の三五年五月、関東軍と衝突した彼は、最終的に辞任に追い込まれ、張景恵にそのポストを譲ることとなる。日頃から意見を異にしていた駒井徳三は鄭を評して「実際政治の上に体験うすく周囲の日支人に過まられんとする傾きなきにあらざる」（『大満洲国建設録』）と述べていたが、はからずも関東軍と衝突し辞任せざるを得なかった。彼は辞任三年後の三八年三月に逝去し、翌四月には新京大同公園で国葬が営まれた。

総務長官・駒井徳三

鄭孝胥が満洲建国期を代表する中国側の人物であるとすれば、日本側のそれは駒井徳三となろう。一八八五年、滋賀県生まれ。若かりし頃、宮崎滔天《とうてん》の『三十三年之夢』を読み、大陸への憧《あこが》れを抱いたという。一九一一年に東北帝国大学農科大学を卒業。一二年に満鉄に入社すると、在学中に研究し論文としていた『満洲大豆論』を有斐閣より出版し「間もなく重版。大いに反響を呼んだ」（『麦秋　駒井徳三』）。彼の満鉄入りは、満洲大豆研究を高く評価した理事の岡松参太郎の強い推薦によるという。

駒井は満鉄で公主嶺農事試験場の創設などを手掛けた後、満洲独立運動などに関与、三一年九月の満洲事変勃発とともに陸軍省の嘱託となり、関東軍統治部長に就任、三二年三月の満洲国建国と同時に国務院総務長官に就任した。

駒井は、溥儀は平民溥儀として新国家執政に就いたのであって、その結果がよく民衆の間から皇帝に推戴したいという意見が出てきたら初めて、復辟ではなく満洲国皇帝に就いてもらうべき、と考え（『大満洲国建設録』）、「大清帝国」の実現を夢見て同時期に国務総理に就任していた鄭孝胥とはことごとく意見が対立した。元来、大陸で「不羈奔放《ふきほんぽう》」（『忘れ得ぬ満洲国』）なところがあり、行政経験も少なかった（『見果てぬ夢』）ため、駒井もまた関東軍とそりが合わず、三二年一〇月、総務長官を辞任して参議府参議に就任するが、三三年七月その職を辞し日本へ帰国した。

協和会の結成と抗争

満洲国創立以降、その方向性をめぐって激しく揺れ動いた組織として、満洲国の協和会がある。この組織は、満洲国建国当初の一九三二年七月に溥儀を名誉総裁に、本庄繁《ほんじょうしげる》を名誉顧問に、鄭孝胥を会長に、張燕郷を理事長に、謝介石を事務局長に、「王道政治の宣化」（『協和会とは何ぞや』）を目的として結成された。

組織は、新京に中央本部、首都本部が置かれ、中央本部のもと、省本部、県本部、旗本部、支部が置かれ、その支部は分会、そして班が組織されていた（同上）。主な結成メンバーは、満鉄社員からなる満洲青年聯盟と笠木良明が中心となっていた大雄峯会で、自治指導部に所属する日本人が中心であった。

彼らは、石原莞爾と連携し、日・朝・満・漢・蒙の五族の協和を夢みて「五族協和」を提唱、各民族の民意を汲み出す組織として「満洲協和党」づくりを目指した。しかし溥儀や本庄の反対を受け、三四年八月、中央事務局次長が山口重次から政府総務庁次長の阪谷《さかたに》希一《きいち》にかわると、上意下達《じょういかたつ》機関の色彩を濃厚にし、政府と表裏一体の組織となっていった（『満洲協和会の発達』）。

ここにも初期満洲国の進路をめぐる厳しい対立が垣間見られた。清朝の復辟を望む溥儀や上からの統制を強化するという点でそれと共同歩調をとる本庄繁らと、下からの「民意」の汲み上げを企図する山口重次や小澤開作らとの間の抗争である。結局溥儀や本庄らが主導権を握るなかで、協和会の変化に失望した小澤らは、活動舞台を華北に移して類似組織の新民会の活動を展開することとなる。

抵抗と妥協の所産

結局、満洲国政府の統治機構は、関東軍とそれに協力する旧奉天軍閥系将領間の妥協の産物として誕生した。そうした妥協を引き出した原動力は、奉天軍閥が長年にわたって培《つちか》ってきた東北での影響力だった。将領や地域の首領の帰趨《きすう》も、張学良との距離である程度推し量ることが可能である。

張学良に近い将領は張とともに満洲を去り、満洲国建国に参加した主だった者は、鄭孝胥らの清朝復辟組と袁金鎧らの日本留学組や関東軍や満鉄との交流が深かった少数で、どちらかといえば張学良との距離は遠い人物だった。しかし満洲を去ることができない地付きの地域首領たちの大半は、張学良の統治を地域で支えた人物たちで、間接的とはいえ、当然のことながら張との距離は著しく近かった。したがって、張学良の満洲復帰を期待して日本に対抗した部下たちの満洲各地での抗戦活動が満洲国建国に与えた影響は、小さくはなかった。

三一年九月以降の抗日勢力を見れば、一一月に吉林省賓県に仮政府を設立し熙洽と対抗した反吉林軍が二万五〇〇〇、朱霽青《しゅせいせい》を総指揮者とする東北義勇軍が一四万、総計一六万から一七万の軍が満洲各地に散開し、抵抗していたのである。彼らの抵抗の強さは、奉天、吉林、黒龍江三省のうち真っ先に張学良からの独立を宣言した熙洽支配下の吉林省ですら「省内の反吉林軍の勢力侮り難く、管下四十三県中熙長官に県長を更迭せしめられたる県十五県、新政権の命に服せる県十県、反吉林軍李杜の命に服せる県十県其他去就不明」という状況で、熙洽支配下の省金庫への納税義務を果たした税捐局は、全県五二局中二二局で半数にもみたなかった（『満洲国建国小史』）。

こうした勢力と連携を保ちつつ張学良は、錦州に仮政府を置いて関東軍への反攻作戦を展開していた。そのため、関東軍への協力を要請された張景恵、張海鵬、熙洽、袁金鎧、臧式毅らは、「彼らは内心帝国の根本政策を疑い或は蘇国の動向を懸案し或は張学良の奉天復帰説等各種の揣摩臆説に迷いその去就を鮮明にし得ざりし」（『現代史資料』11「続・満洲事変」）状況だった。

奉天地方自治維持会委員長に就任した袁金鎧の場合には「軍司令官に招致せらるるや身命の危険を感じ戦々恐々たり。容易に地方維持会に依る〈張学良からの〉独立宣言を書する能わず、軍に於ても已むなくは之を軟禁すべく所要の手配を整えたり」（『現代史資料』7）といったありさまだったし、熙洽にいたっては前述したように拳銃で脅迫されてやむなく独立したという情況だった。「錦州軍政権（錦州に仮政府を置いていた張学良政権）の険悪なる跳梁愈々甚しく之を覆滅するにあらざれば満蒙新政権の健全なる発展望みえざる」（『現代史資料』11「続・満洲事変」）と関東軍をして言わしめたゆえんである。

張学良傘下の残存東北部隊の抗戦の効果がいかに大きかったか、関東軍がそれにいかに悩まされたかは、満洲北部で関東軍に下った熙洽指揮下の吉林軍と交戦を続けた反吉林軍の抵抗の結果、満洲国建国の計画が大幅にずれ込んだことでも証明される。関東軍は、三二年「二月中旬までに建国を世界に宣布すべき意気を以て諸般の準備を進めた」（同上）が、三二年「一月下旬吉林軍の反吉林軍に対する作戦意想外に不結果に陥るや蘇国の暗躍学良及作相系の策動上海事件の誇張的宣伝等に依り満洲特に北満の形勢一時悪化し新国家の建設工程自ずと停頓」（同上）せざるを得なかったのである。しかも三二年三月の満洲国建国後も、前述したように馬占山、蘇炳文らの反乱が続き、治安は安定しなかった。

満洲国統治機構

では、ここで満洲国の統治機構を概観しておこう（次々ページ図表7参照）。

満洲国は執政を頂点に、立法院、国務院、法院、監察院の四院制を採用していた。国務院は執政の命を受けた国務総理が各部を指揮して行政百般の任に当たることとなっていた。国務総理は部内事項を直裁《ちょくさい》するために総務庁をおいていた。ここが満洲国の行政の中枢だった。法院は、日本同様、民事、刑事訴訟を審査する所で、最高、高等、地方の三法院制だった。監察院というのは会計監査と各官庁の監察を行うもので、中国古来の王朝に付置されていた伝統的機関だった。立法院は、立法院長が任命されただけで、執政の諮問機関として設立された参議府が代行していたが、やがて協和会が代行するかたちで廃止された（『満洲国史』各論）。したがって、形式上は四院制だったが実質的には三院制であった。監察院が形式的で、立法院が設立されなかったとすれば、実質二院制だったというのが正しいであろう。

しかも関東軍は、三二年三月一〇日に溥儀、鄭孝胥間の秘密協定で、満洲国国防費、治安維持費は満洲国が負担すること、満洲国の鉄道その他の社会施設は日本が管理すること、日本軍が必要とする各種施設は満洲国が援助すること、官吏に日本人を採用し、その選任は関東軍司令官の推薦に委ねることを決定し、これが同年九月一五日の日満議定書で再確認された。これにより関東軍の満洲国への「内面指導」が確定されたわけで、重要政策は、関東軍参謀本部第三課（後に第四課）を通じて総務庁に伝えられ、ここで政策化されていった。

総務庁で決定されたことは、国務院会議、参議府会議を経て皇帝に諮詢《しじゅん》され、公布されていった。したがって国務総理の参謀的役割である総務庁は決定的に重要で、国務総理が形式的な最高責任者なら総務長官は、関東軍の窓口となる立案の満洲国サイドの最高決定権者で、国政の全権を掌握していたのである。初代駒井徳三から始まって順に阪谷希一、遠藤柳作《りゅうさく》、長岡隆一郎《りゅういちろう》、大達茂雄《おおだちしげお》、星野直樹、武部六蔵《たけべろくぞう》と歴代総務長官は例外なく日本人であった。総務長官だけでなく次長、各処長（局長）、科長は、当初はすべて日本人が占めていた。

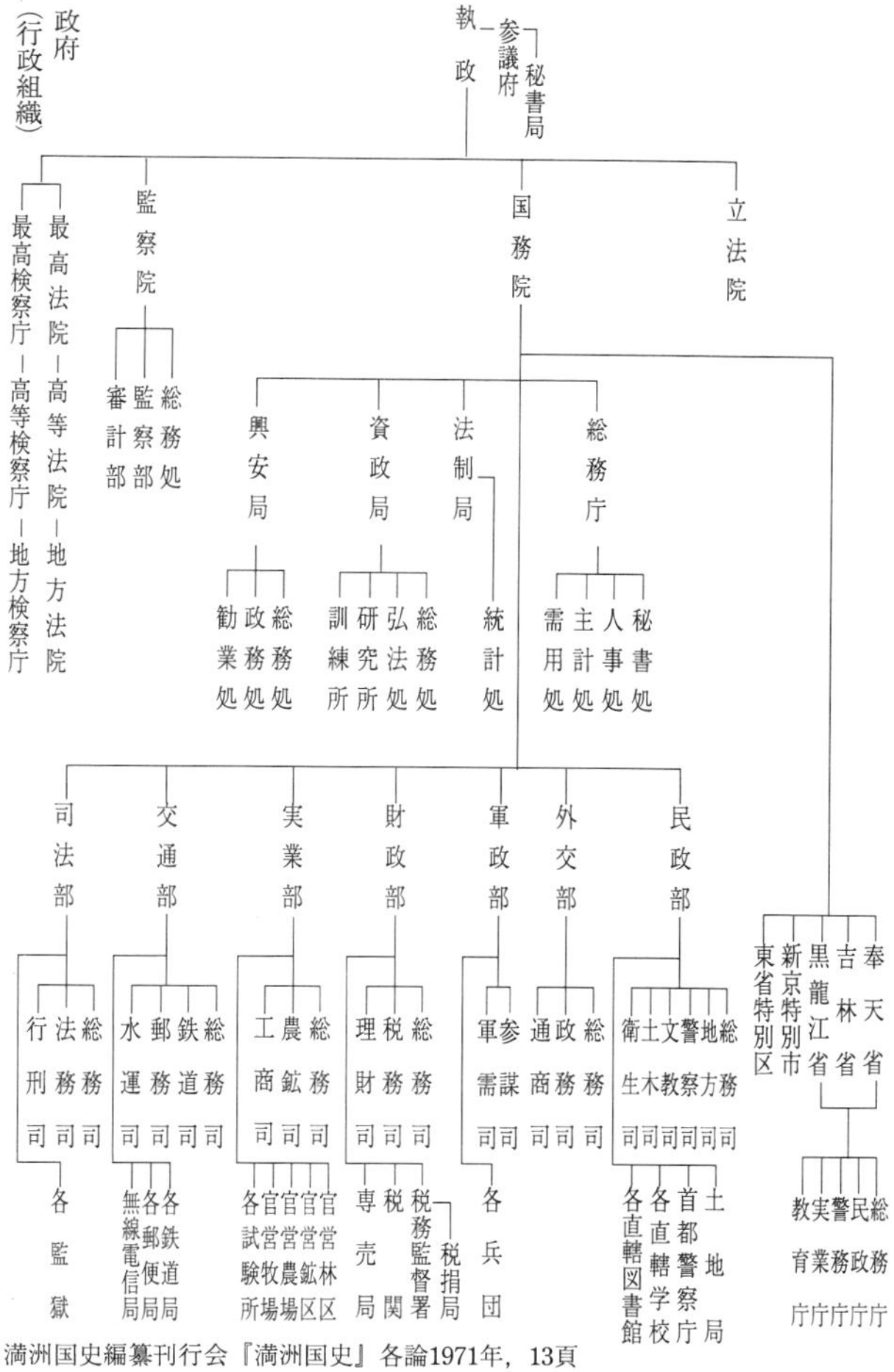

満洲国史編纂刊行会『満洲国史』各論1971年，13頁

図表7　満洲国政府組織表（1932年3月）

満洲国側の国務総理は一九三五年五月までは鄭孝胥が、それ以降敗戦までは張景恵が担うが、鄭は国務院会議では在任中一言も発せず、初代総務長官だった駒井とはそりが合わず、駒井が総務庁に出てくるとさっさと帰宅し、決して会おうとしなかったので国務院会議が開催できなかったという（『忘れ得ぬ満洲国』）。

中央集権体制への道と限界

この時期の問題は、いかにして溥儀を頂点とする執政体制を作り上げるか、であった。換言すれば、張学良の影響が残る東北に対して関東軍はいかなる対応策を講じていったのか、であった。

一つは、清朝のシステムを引き継ぎ、奉天軍閥が作り上げた省単位の「連省自治」に基づく統治機構を、中央政府―省―県段階までの一貫した命令系統に改編し、張学良の影響を東北から除去し、執政溥儀を頂点とする統治体制を作り上げることだった。そのため関東軍は、「連省自治」時代には最高行政機構だった省政府を三二年三月の「省公署官制」により省公署に改編し、中央政府と県公署を結ぶ単なる中間行政機関に格下げしたのである。これと関連して、それまで省政府が統括していた軍隊、警察、金融、財政部門は中央政府へと委譲された。

さらに三二年四月「陸海軍条例」により各省の軍隊は執政の統括下に移され、全満の警察機構もまた中央政府民政部警務司の監督下に移された。くわえて同年六月、それぞれの省にあった官銀号を統合するかたちで満洲中央銀行が設立され、そのもとで実施された「幣制統一事業」により、各省ごとに流通していた各種通貨が満洲中央銀行券で統一されはじめたのである。そして同年七月には財務政庁が中央政府の財務部直轄の税務監督署に改組され、九月の「国地両税画令案要綱」により、従来は省ごとに独自に徴収されていた国税、地方税が、満洲一律に統一されはじめた。

二つには、これまで省政府がタッチせず「自治」に委ねられていた地方行政を中央政府の末端機構に再編する動きが積極化したことだった。それは治安維持会と保甲制度を車の両輪にして推し進められた。治安維持会は満洲事変後各地域に作られた清郷委員会を引き継いで省・県段階で組織された組織で、中央では関東軍参謀長を委員長に、省では地区部隊参謀長を委員長に、日満軍警関係者を委員に、そして県では、県長を委員長に、守備隊長を顧問に、日満軍関係者、商会長、農会長を含む地方有力者を委員とする組織が作られていった。

また三三年一二月には「暫行保甲法」に基づき保甲制度が実施された。保甲制度というのは明清時代に多用された地方の治安維持制度を復活させたもので、屯（自然村）内の一〇戸をもって一牌となり、屯内の牌を集めて甲を構成し、警察管区内の甲をもって一保を形成した。そして保・甲のそれぞれの段階で警察署長の指揮監督下に自衛団が組織され、部外者を排除する機構を作ることが模索された。

具体的に彼らに与えられた任務は、「入屯者の監視、屯内不良分子の摘発及移動の報告」「武器の回収、戸口調査等の場合に於ける補助的活動」「連絡命令の伝達其他総て県公署、警察等との連絡或は命令の伝達」「村費の徴収」「賦役徴発等の場合の斡旋、其他」(『農村社会生活篇―康徳元年度農村実態調査報告書―』)と広汎な治安活動の補助になっていた。そして、この命令に違反した場合には「連座罰則制」が適用され、保長、甲長、牌長がその責任を負う「一蓮托生《いちれんたくしょう》方式」が採用された。

法令を見ると、強力な治安維持体制が屯を支配したように見えるが、早期から大豆生産や販売を通じて国際経済の波の影響を受けていた満洲での屯は、流動性が高く、逆に凝集性が希薄だった(『日本統治と東アジア社会』、『中国国民政府と農村社会』)。粘土質の地盤に杭《くい》を打ち込んでも固定化できないように、いくら上から屯への規制を強めても、その支柱を見出すことが困難だった。

満洲中央銀行の設立と幣制統一

こうして生まれた満洲国政府の手がけた初期の重要政策が、満洲中央銀行の設立とそのもとでの幣制改革であった。満洲中央銀行が設立されたのは三二年六月のことだった。満洲中央銀行は旧来あった東三省官銀号、吉林永衡官銀銭号、辺業銀行の三つの官銀号を集中するかたちで設立された。設立の準備は三二年一月から開始されたが、最初の難問は、中央銀行は金本位制にすべきか銀本位制にすべきか、という問題だった。

究極の目標を日本と同じ金本位制に置くことは大筋で一致できていたが、伝統的な銀本位制大国である中国の基盤の上で、それをいかに実現するかという点では、即時金本位実施を主張するものと、ひとまず銀本位で各種通貨を統一したあとで金本位制に移行すべしというものとに分かれた。金券を発行し、満洲で流通させていた朝鮮銀行出身者は前者の主張を、満鉄調査部など比較的満洲の金融事情と中国の金融力に精通していたものは後者の見解を支持するものが多かった。そして三二年二月の時点では、満洲の事情を考慮しひとまず後者の案で行くことが決定され、若干の修正が加えられて六月に中央銀行が成立したのである。

設立された中央銀行は、これまで軍閥や地方政権が発行した種々雑多な銀系の銀行券を同じ銀系の中央銀行券で回収する幣制統一事業を推し進め、三年後の三五年六月には九七%という「世界通貨史上いまだかつて見ざる」(『満洲中央銀行十年史』)高い回収率で成功裡に終了した。幣制統一事業とともに旧官銀号に附属する糧桟などの統合・分離も行われ三三年六月には糧桟を全廃し、質屋業を中心とした大興股份有限公司が設立された。

この銀本位制での幣制統一の成功を踏まえ、一九三三年頃から金本位制に向かう日満幣制一体化の動きが具体化する。同年四月、特務部は日本からの資本導入を積極化させるために日満幣制一体化を目的に金本位制移行を決定する。しかしこの決定は、「時期尚早」と判断する満洲国政府の反対を受けて棚上げにされ、その後、特務部は再度原案を提示するものの、反対意見が続出、八月に再度、一体化案は否決された。こうして動き自体は頓挫するが、しかし一九三四年以降のアメリカ政府の銀買い上げ政策と銀貨の急騰のなかで、銀に裏付けられた満洲銀行券の対日本円相場が等価に近づくにつれて、七月満銀券の通貨価値の銀離脱の方針が決定され、三五年一一月にそれが実現されていくこととなる。

満洲警察制度と甘粕正彦

三省分離体制にあった満洲国の警察制度も民政部警務司の監督下に統合されていく。その初代司長は甘粕正彦である。甘粕は一八九一年、仙台に生まれている。名古屋陸軍幼年学校から陸軍士官学校へ入学、在学中の一九一五年に馬事訓練中の落馬事故で入院、その後憲兵への道に進み、二二年に渋谷憲兵分隊長となる。麹町《こうじまち》憲兵分隊長を兼任していた二三年九月に関東大震災がおき、混乱のなかで大杉栄、伊藤野枝《のえ》、甥の橘宗一《たちばなそういち》を扼殺《やくさつ》したかどで軍法会議にかけられ懲役一〇年の判決を受け、千葉刑務所に服役している。二六年出獄し、渡仏したあと二九年には満洲にわたり謀略活動に従事している。彼は溥儀を天津から満洲へ連れ出すとき川島芳子《よしこ》らと組んで謀略事件を起こし、その混乱に乗じて溥儀の満洲移動を可能にした。そして満洲国ができると民政部警務司長となり、警察機構を掌握し、三七年には協和会総務部長に、さらに三九年には満洲映画協会理事長に就任した。

甘粕正彦

彼が民政部警務司長に就任した初期の満洲国の警察制度は、旧東北政権時代の遺制を引き継いで種々雑多な組織的編制をとっていた。三二年三月の「国務院各部官制」では警察は国務院の民政部に所属し、警務司、中央警察学校、特種警察隊の三つのセクションからなり、そのなかで警務司は総務、特務、保安、外事、督察、偵輯《ていしゅう》の六科に分かれていた。中央警察学校は警察官の養成機関であり、特種警察隊は、海上、国境、森林警察隊からなっていた（『満洲国警察史』）。甘粕は、三二年五月から七月までの二ヵ月間だが、初代の警務司長を務め、そのあと協和会総務部長になるまでは、山東省の中国人苦力の入満を一元的に統制していた大東公司《コンス》の責任者を務めた。満洲国警察は、その発足当初から反満抗日の軍事的討伐にその主眼が置かれていた。甘粕が創設したといわれる偵輯とは満洲国のGPU《ゲーペーウー》（ソ連の秘密国家警察）と称された部署で謀略を担当する部局だった。さらに甘粕が責任者を務める大東公司も、苦力に扮して入満する抗日活動家の摘発に全力を挙げたのである（『甘粕正彦　乱心の曠野』）。

満洲国軍

満洲国の成立とともに国軍の編制が不可欠となる。満洲国軍は旧軍閥軍隊のなかで関東軍の作戦に協力した熙洽、張海鵬、張景恵、于芷山の率いる軍および事変直後から関東軍の指揮下で活動していた日満混成の特殊部隊の靖安遊撃隊がくわわるかたちで、総勢一三万人をもって新たに満洲国軍が組織された。満洲国軍は軍政部の指揮下に日本人顧問、教官、日系士官をくわえて構成されており、当初は国内の治安維持を目的に反満抗日軍の鎮圧を主眼としていた。

出発当初は、関東軍参謀長橋本虎之助《とらのすけ》の表現を借りれば「資質はいたって不良、ことに幹部の能力も低級であって、これを指揮し軍隊としての任務に堪えうる域に至らしめるためには、絶大の努力を要する」(『関東軍』1)状況だった。三四年三月、満洲国に帝政が布かれると満洲帝国軍とその名称を変更した。同年一二月に最高顧問に佐々木到一《とういち》が就任し、同軍を国内治安維持の主力部隊として育成する方針が明確になると、兵員こそ八万人前後であったが、日系職員は三四年の一八〇〇人から毎年急増し、四〇年には八〇〇〇人にまで膨れ上がった。特に三八年には、朝鮮人ゲリラを専門に捜索・攻撃する目的で、朝鮮人からなる間島《かんとう》特設隊が設立されている。さらに満洲国軍は、三五年頃から対外戦争にも動員され参戦することとなる。典型的なのは三九年におきたノモンハン事件で、このときには興安軍、奉天、斉斉哈爾の教導隊、治安部直属の高射砲部隊が参戦した(同上)。

土龍山事件

こうした満洲統一化のなかにあっても、統治末端の満洲村落をコントロールすることは困難だった。それがいかに困難だったたか、逆にいえば基底の満洲村落がいかに漢族の村落指導者の手に委ねられているかを如実に示したのが、満洲国建国間もない一九三四年三月に北満三江《さんこうしょう》省依蘭《いらんけん》県土龍山《どりゅうざん》地区で発生した事件、いわゆる土龍山事件だった。

この事件は、「日本軍の土地買収」「銃器回収」「種痘」に反対して土龍山地区の保董《ほとう》(屯長)の謝文東、同農務会長の井止揮が指揮して起こした屯農民一万余名の武装蜂起だった。この蜂起の背後には、後述するように北満の三江省が日本人農業移民団の入植地であり、ために大量の土地買収が強行されていたこと、それにともない治安維持会の指導下で保甲制度の実施が強行されていたことが挙げられる。当時、三江省の可耕地の四割以上に上る土地が移民用地として満洲拓植株式会社によって買収されていたという。そのためか、満洲政府が実施した「種痘」が住民の薬殺を狙ったものと喧伝《けんでん》されるほど反日気運が蔓延していた。

彼らは蜂起後、土龍山警察署を攻撃、署員二〇余名を武装解除し、さらに報を聞いて救援に駆けつけた日満軍を中途で待ち伏せ、攻撃をかけて連隊長飯塚少将を射殺、続いて意気あがる農民軍は依蘭県城を包囲し、松花江沿いにハルビンを突くため、折から入植中の日本人の第一次、第二次農業移民団を包囲攻撃した。農民軍に包囲された移民団は完全に孤立した。事の重大さを認識した関東軍は同年五月、三江省の兵員を総動員し農民軍の包囲を突破して移民団を救済すると同時に、戦車や航空機を動員して攻撃、敗走する彼らの追撃を開始した。謝文東らは日満軍の追撃をかわしながら抗戦を継続し、三四年三月には東北民衆自衛軍を組織するが、これが後の人民革命軍第六軍結成の母体となっていく。

この事件は一般には、中国人農民の日本人移民入植反対運動の事例として取り上げられ、事実、この事件を契機に日本側の移民政策、特に土地買収政策に変更が現れることは後述するとおりである。この事件は当時の屯の組織がどんなものであったかをうかがい知るものとして興味深い。

まず、一万人の農民が蜂起に立ち上がった理由である。それは屯民あげての蜂起だったといってよい。移民用地剝奪《はくだつ》という屯あげての問題に屯民の指導者たちが立ち上がったことが大きいといえよう。しかし蜂起自体はといえば、意外に脆《もろ》く崩壊していった。それは屯自体が凝集力を持っていないという点と密接な関連を持っている。

一九世紀以来、満洲に押し寄せた世界経済の波は、大豆の世界商品化によっていっそう促進され、屯は糧桟と鉄道によって全満ネットワークのなかに包摂されて破壊され続けていた。満洲事変後は満洲中央銀行による幣制統一事業の成功裡の展開等で、この経済の全満統一化は急速に進行していた、ともいえるのである。逆に屯を基盤とした統治機構の基礎固めが困難であるという見通しがあればこそ、それに代わるものとして満洲農業移民が求められたともいえるのである。

「抗日匪」

満洲国の治安が相対的に安定する一九三〇年代なかば以降でも、「抗日匪」の抵抗闘争は地下運動のかたちで継続していた。満洲事変後の関東軍の討伐で壊滅的打撃を受けた抗日勢力が、県を中心に満洲各地で共産党組織を復活させはじめるのは、一九三三年七月以降のことだった。すでにそれ以前から南満の磐石や東満の間島を中心に農民協会傘下の在満朝鮮人によって赤色遊撃隊が組織され、活動が始まってはいた。こうした運動は、三三年一月、中共中央の満洲省委員会宛の「一月書簡」で赤色遊撃隊を中心に大刀会・自衛団・抗日義勇軍を結集、南満・東満・哈東地区では共産系の赤色遊撃隊が組織母体となり、また寧安・湯原では民族系の反日遊撃隊が組織母体となって三五年までに人民革命軍第一軍から第六軍までが組織され、各地で抗日運動を展開していった。しかし共産系と民族系の抗日組織の連携は、ことのほか、はかどらないままに日満軍警の厳しい討伐にあって、三五年春に人民革命軍第二軍は間島平野地域から駆逐されて山岳地域に移動し、平野をはさんで南北の山岳地帯に分断されたのである。

若き日の金日成《キムイルソン》は間島地域を中心に活動していたが、やがて人民革命軍第二軍の一部隊の政治委員としてその名が現れる。彼は三五年に第五軍との連携で周保中《しゅうほちゅう》とも親交を深めている（『金日成と満州抗日戦争』）。三六年以降従来の第一軍から第六軍に加えて新たに第七軍から第一二軍までが結成されている。

ところで、抗日運動の組織化のなかで、関東軍はどんな対抗策を考えたのであろうか。その「切り札」として登場したのが集団部落政策だった。集団部落政策を一言でいえば、治安維持が困難な地域にある村落を撤去して治安維持上有利な地域に住民を移動させ、匪民分離工作を実施し、抗日勢力と一般民衆との連携を絶って治安維持を図っていく政策である。これによって従来の自然発生的な屯に代わって、新たに日満軍警が治安維持を目的に人為的に屯を作り出す点に政策の眼目が置かれていた。抗日勢力の活動は、屯そのものを基盤にしていたわけではないが、農会、商会や治安が安定していると称された地区の甲長から物質的援助を受けていた。日満軍警はこれを「通匪行為」と呼んでいたわけだから、集団部落政策によってそれが禁止されれば、抗日勢力の活動は著しい困難に直面したのである。

集団部落は、一九三六年四月までに、吉林省・興安南省・間島省を中心に一三五八部落が作られた（『満洲共産匪の研究』第二輯）。いずれもが、抗日活動が活発な地域だったことは改めて指摘するまでもない。この「匪民分離工作」は、戦後はイギリス軍によるマラヤ共産党対策に、アメリカによるベトナム戦争での「戦略村構想」に引き継がれていった。そして満洲での集団部落政策が抗日勢力に与えた打撃は大きいものがあったといわれる。一九四〇年二月に日本軍の討伐の前に包囲された抗日連軍第一軍の指導者だった楊靖宇《ようせいう》は射殺されている。

二人の朝鮮人

満洲を舞台に激しく闘争し、戦後もまた朝鮮半島を二分して抗争し続けた二人の朝鮮人がいる。一人は前項でもふれたが、戦後、北朝鮮の首相となる金日成であり、もう一人は六〇年代初頭クーデターで韓国大統領に就任した朴正熙《パクチョンヒ》である。

金日成は一九一二年に朝鮮の平壌に生まれている。一九年の三・一独立闘争後に金一家は満洲へ移住し、彼は吉林の中学校へ通うこととなる。そこで抗日青年運動に参加したため中学を中退、三一年には中国共産党へ入党、三二年から間島を中心に東満地域で抗日武装闘争を展開した。彼は抗日連軍第二軍の政治将校として活動し、党内の日中間民族的軋轢と絡んだ「民生団事件」を解決しながら、三七年六月には小部隊を率いて中朝国境の町の咸鏡南道《かんきようなんどう》普天堡《ポチヨンボ》を攻撃、一躍その名を有名にした。

その後四〇年には、日満軍警の厳しい討伐作戦で満洲での抗戦が不可能となるなかで、ソ連領の沿海州へと越境逃走し、かろうじて全滅をまぬがれている。その後金日成部隊はソ連極東軍第八八特別旅団に編入され、彼は第一大隊長に就き、日本敗戦後の四五年九月には北朝鮮に進駐し政治活動を展開、四八年九月には北朝鮮初代首相に就任している。

この金日成と東満の地で干戈を交えたのが朴正熙である。彼は一九一七年、朝鮮の慶尚北道亀尾《グミ》に生まれている。日韓併合後は没落したため、彼は苦学して大邱《テイグ》師範学校を卒業、その後満洲へと渡り満洲国軍の新京士官学校を首席で卒業している。成績優秀だった彼は選抜されて日本陸軍士官学校へ入学、四四年にこれまた優秀な成績で卒業し、高木正雄と改名して満洲国軍中尉に任官、「討匪」作戦に従事した。

満洲国消滅後は帰国し、韓国独立後は韓国軍に入隊したが南朝鮮労働党(南労党)に入党、共産主義活動を行うが発覚、逮捕され転向、五〇年の朝鮮戦争と同時に軍役に復帰した。六一年五月、クーデターで政権を奪取して大統領への道を駆け上がった。

この二人の朝鮮人は満洲の地で激闘を繰り返し、戦後の六〇年代以降は朝鮮半島の三八度線を挟んで対立した。

熱河作戦と溥儀

こうした満洲国の統治機構の一本化とともに、一九三三年二月、関東軍は熱河省への侵攻作戦を開始し、一挙に長城線に迫ることとなる。「巨大なハンマーのように、この訓練が行きとどいた強力な機械化部隊は熱河高地に猛撃を加えた。航空機、戦車、装甲車がみごとな連携を保ちながら拠点攻撃をかけた」。そして「日本軍は作戦開始一週間で、当初の攻撃目標を陥落させてしまった」「これは戦史の中でももっとも短期間に獲得された勝利のひとつで」、この結果、張学良は東北から完全に駆逐され、「無用の人物になってしまった」（『極東戦線』）。そして五月に河北省の塘沽《タンクー》で停戦協定を締結する。

関東軍は熱河省を制圧することで、満洲全域の占領を完成させた。同時にまた長城線を突破することで、さらなる戦線のエスカレーションの火種を作ったことになる。事実、このあと三五年からここを拠点に天津軍が関東軍と一体になって華北分離工作を展開、中国との摩擦を深めながらこれが日中戦争の導火線となっていくのである。

こう考えると熱河作戦の持っていた意味は甚大《じんだい》なのだが、この作戦は別の意味で満洲国に影響を与えることとなる。別の意味というのは、関東軍が長城線を挟んで関内と隣接し、北平《ほくへい》へと接近できることとなったことである。溥儀にとって北平への接近は、かつての大清帝国の都への接近であり、それは彼の復辟の具体化への第一歩でもある（『昭和天皇とラストエンペラー』）。しかも三三年末に、日本政府が溥儀の皇帝就任を承認する用意があると伝えられた溥儀は、「まったく嬉しくて天にものぼる気持だった。私が最初に考えたことは、龍袍《ロンパオ》を一着準備しなければならない、ということだった」。溥儀が板垣と折衝して獲得したのは、龍袍をまとって天を祭りに行くことだけだった（『わが半生』下）。

執政という曖昧な満洲国の体制が、ここに来て一挙に動き出すその契機となったのは、満洲国の統治を実質的に完成させた熱河省占領だった。

2　帝政と日満一体化への道

帝政実施

熱河占領と前後する時期から、満洲国の将来展望をめぐって新しい動きが出はじめる。この時期、満洲国建国の初期段階は終了し、満洲国をどの方向へ進めるかを明確にする必要性が出てきたからである。当然、溥儀に冠せられた執政という暫定的な地位の見直しが求められてきたことはいうまでもない。その際溥儀が求めたものは清朝の復辟、つまりは清朝皇帝への道であったが、関東軍が求めていたものは満洲国皇帝の道であった。この違いが具体的にどこにあったのか。まず一九三四年三月に行われた即位大典から見てみることとしよう。

この日を機に溥儀は皇帝を名乗り、満洲国は帝政へと移行し、以降、満洲帝国と称し、年号を「大同」から「康徳」と改めた。

三月一日に挙行された即位大典は、午前中礼服に清朝皇帝が着る龍袍を着用して執政府を出た溥儀一行は、車二五台を連ねて大同広場から順天広場正面に到着、ここで郊祭《こうさい》の儀を執り行った。零下六度の寒風吹きつける野外で、朝八時二〇分式場に到着、日満高官が居並ぶなかで、天壇の玉座で礼拝、送燎の儀を最後に八時三〇分に郊祭の儀を終了した。そして午後には、龍袍を脱いで大元帥服を着用し、黒塗り金色のヘルメット型の帽子をかぶり、満洲国高官出席の下で登極の儀を執り行った。この儀式のあと「即位詔書」を鄭総理に渡し、執政溥儀は満洲国皇帝の地位に就いたのである。

帝政の実施は、溥儀をとりまく鄭らの清朝復辟派の念願だったといってもいい。しかしこの儀式は清朝の復辟と関東軍の日本式帝政の混合物であった。たしかに清朝式の礼服は着用していたが、それは前半の郊祭の儀のときまでで、午後の登極の儀の時には大元帥服に着替えての日本式帝政の式典だった。関東軍が欲していたのは、鄭らが望んでいた清朝の復辟ではなく、新しい日本的な帝政だったのである。

むろん民衆とは無関係な祭典だったことはいうまでもない。「皇帝の行進に対して民衆の拍手もなく、歓呼もない」。あるのは「五万の軍隊がまったく人影がない半マイル幅の道路の両側に向き合って、二列になって並ぶ。着剣した銃をもつ日本部隊が、銃剣をつけていない満州国軍のうしろに立つ。これが皇帝を迎える歓迎陣である」(『極東戦線』)からだ。

鄭孝胥の訪日と秩父宮の渡満

では、この奇妙な日中合作の即位大典は、その後、どんな方向に展開していったのか。それは日本の皇室との交流という方向である。帝政実施後に溥儀が日本を訪問する問題が浮上するのはその証左だ。それは一九三四年三月のことだった。満洲国側からは鄭孝胥を中心とした二一名からなる使節団が組織され、帝政報告に日本を訪問した。これに対する答礼の意味で秩父宮の渡満が決定され、三ヵ月後の六月に秩父宮は一〇日ほど満洲に滞在し、溥儀と親しく会談した。この時、溥儀を日本に招待する話があり、溥儀はそれに前向きに受けたと思われる。秩父宮との宴には、阿片中毒のうわさが絶えず普段宴会の席に出席したことのない皇后婉容が参加するという「きわめて異例」(『昭和天皇とラストエンペラー』)な事態が生まれた。彼女が参加した理由は定かではないが、歓迎の雰囲気を高めたことだけは間違いなく、新京ではちょっとしたうわさとなった。

この清朝と皇室の交流劇を誰が演出したかは定かではない。当時、満洲国国務院法制局参事官だった武藤富男は、時の関東軍参謀長板垣征四郎、関東軍司令官南次郎、関東軍司令部付で溥儀付きの軍人の吉岡安直の三名の合作ではなかったか、としている。いずれにしても溥儀の復辟を断念させ、溥儀を関東軍の意向のままに動かすために関東軍指導部が演出したというのである(『私と満洲国』)。皇室と結ぶことで関東軍を牽制できるという溥儀の思惑と、皇室を通じて直《じか》に溥儀を領導できると踏んだ関東軍の、両者の思惑が、皇室への接近という共通項で結ばれた結果が溥儀の訪日だったのである。

溥儀の日本訪問

溥儀は一九三五年四月に日本訪問の旅に出発する。具体的スケジュールを見てみよう。溥儀は三五年四月二日午前六時過ぎに新京を出発し、午後五時過ぎに大連埠頭《ふとう》に到着し、御召艦《おめしかん》比叡に乗艦、一路日本へと向かっている。

御召艦比叡とは、当時、日本が誇る最新鋭の戦艦比叡のことである。比叡は高速戦艦金剛型の二番艦として一九一四年に竣工している。しかしロンドン軍縮条約のあおりを受けて練習戦艦に類別変更され、天皇の御召艦として使われたのである。この艦に座乗《ざじょう》して溥儀は日本へ向かうこととなる。しかもこの比叡を儀礼艦球磨《くま》と一等駆逐艦三隻が護衛する物々しさである。くわえて御召艦比叡の南下に合わせて春雨煙る東支那海洋上で、戦艦山城以下日本海軍の主力艦、護衛艦七〇隻が約四万メートルにのぼる蜿蜒《えんえん》長蛇の単従陣で比叡と約二〇〇〇メートルの距離を隔てて逆走、洋上謁《えっ》艦を実施している。

護衛艦四隻に囲まれ戦艦比叡でこの壮大な歓迎劇を謁し日本に向かう溥儀の胸中はいかなるものであったか。溥儀は、『わが半生』のなかで「要するに、上陸前から、私はもう思いがけぬ鄭重なもてなしを受けたのである。私は日本が示した威力に深く驚異を感じたばかりでなく、それを私への真心からの尊敬、真心からの援助だとみなした。過去の多少の不愉快は、すべて自分の誤解のせいなのだ、と思った」と回想している。

六日朝、横浜港に着くや、海軍航空機九八機が轟音轟《とどろ》く供覧飛行、艦艇への模擬攻撃ショーを実施、それを眺めながら溥儀らは、自分ら一行を出迎えた秩父宮と比叡艦上で会見した後、天皇の待つ東京駅へと列車で向かった。秩父宮とはすでに満洲で会見済みであったから、一年ぶりの再会であった。溥儀の日本到着と軌を一にして「東京朝日新聞」などは連日、満洲特集を組んで「躍進満洲」のキャンペーンを展開した。この時溥儀は陸軍大元帥の正装を着用しており、清朝を象徴するものは、わずかに彼がかぶる蘭花の軍帽に止まった。

東京駅に到着すると出迎えた天皇と握手を交わし、馬車にて赤坂離宮へと向かう。その夜は宮中豊明殿《ほうめいでん》での晩餐会《ばんさんかい》である。翌七日は明治神宮と靖国神社参拝そして夜は溥儀主催の晩餐会を赤坂離宮で行っている。その後、日本の政府要人や満洲国要人の引見《いんけん》、日本政府主催の晩餐会と続いた。九日には代々木練兵場で、一万余名の将兵への閲兵式《えっぺいしき》と航空機八九機が織り成す分列飛行が行われた。これまた、海上での海軍に続く、陸上での陸軍による、溥儀を前にした武力の誇示に他ならない。

これ以降は歌舞伎鑑賞、傷病兵慰問などをこなして、一五日には東京を発《た》って関西へと向かい、京都の桃山御陵、金閣寺や奈良正倉院などを訪問、二三日、神戸港より比叡に乗船、戦艦山城以下三〇余隻の艦船が待つなかで二四日に宮島に上陸、厳島神社《いつくしまじんじゃ》を参拝したあと、大連に向け帰国の途についた。この間、二六日に及ぶ日本滞在の旅であった（『満洲国皇帝陛下東京市奉迎志』）。

溥儀は、帰国と同時に「皇室を始め朝野を挙げてのご歓待に対して御鄭重なる御礼電を発せられ」（「東京朝日新聞」一九三五年四月二七日）、今回の旅行で受けた皇室のもてなしに対して厚く感謝する旨の電報を送ったが、日満皇室の一体化こそが、この溥儀日本訪問の狙いだったといえよう。そしてそれは成功を収めたのである。

帰国後、溥儀は「回鑾《かいらん》訓民詔書」を発している。回鑾とは君子の帰国の意だから「訪日後民に教えるの書」ということになるが、訪日し皇室と親しく交わるなかで溥儀と皇室は精神一体であることを認識した、「よって汝臣民よ、この意を体し同じ道を進め」、といった趣旨であろうか。しかも溥儀は、最初の原案にわざわざ「朕、日本天皇陛下と精神一体の如し」という一文を挿入したというのである。荘厳な文体に溥儀の挿入文はそぐわぬため、すっかり文調が狂ってしまったと、原案作成者で国務院総務庁嘱託の佐藤胆斎は嘆いたという。ちなみに佐藤は満洲国建国宣言、皇帝即位詔書など重要文書を起草した中国古典文学の大家である（『私と満洲国』）。

とまれ、溥儀は、日本訪問後は「別人のように明朗になった」というし、「満洲において、日本の軍人から受けていた名状しがたい圧迫感が、これで一掃され、温かい慈愛の精神につつまれて、はじめて落ち着きを得られた心境だった。そばにいた私（溥儀の側近だった工藤忠）どもは、この変化に驚きもし、喜びもした」（『皇帝溥儀』）。彼は、皇室への思慕の行動は彼らへの「へつらいのため」（『わが半生』下）だったと述べているが、おそらく、彼は日本を訪問し、皇室と交わることで、いままで自分に重くのしかかっていた関東軍の軍人をも凌駕する、皇室の力を感じ、これと一体化することで、うっとうしい軍人の干渉を突破できると考えたのではないか（『昭和天皇とラストエンペラー』）。「満洲国皇帝の訪日が我国の対満国策遂行上極めて有意義なりしことは疑ふ余地なきも、若し皇帝及重臣が慢心することあらんか、その禍の及ぶ処亦図り知るべからざるものあらん」（『武部六蔵日記』）と関東局司法部長だった武部六蔵は歓迎の催しに過ぎたるものを感じていた。

さらなる日満一体化——溥傑の結婚

溥儀の訪日に続いて、さらなる日満一体化が進められる。婚姻を通じた日満血の一体化である。白羽の矢が立てられたのは、男子は溥儀の弟の溥傑《ふけつ》、女子は皇室に近い名門嵯峨家の令嬢浩《ひろ》。成婚の式典は一九三七年四月で、溥儀の訪日に遅れること約二年後であった。

溥傑は、幼年時代から溥儀と交わり、一五歳から一八歳までは紫禁城で溥儀の勉強相手としての時間を過ごしている。二四年溥儀らとともに紫禁城を追われた溥傑は二八年には日本に留学、学習院中高等科に学んでいる。満洲事変勃発直前のことである。満洲国が建国され、実兄の溥儀が執政となった翌年の三三年九月、溥傑は学習院から陸軍士官学校本科へ入学している。そして三四年三月、満洲国に帝政が実施され、溥儀が皇帝に即位した翌年の三五年七月、溥傑は陸軍士官学校を卒業し、見習士官として歩兵第五十九連隊に入隊した。そしてその年の一〇月満洲国の歩兵中尉に任官したのである。そんなとき、嵯峨浩との結婚話が浮上した。

「満洲皇弟である溥傑氏との縁談が持ち上ったとき、それは私にとって、寝耳に水のニュースだった」（『流転の王妃』）とは、嵯峨浩の回想である。皇室の女性を溥傑のお妃《きさき》にするには「皇室典範」を変更する必要があるが、華族であればその必要はない。嵯峨家は五摂《せっ》家《け》、九清華《せいか》に次ぐ名門である。満洲事変時の関東軍司令官だった本庄繁がこの縁談の推進者だった。彼らの選択のなかで、嵯峨家がクローズアップされたわけである。

お見合いの結果は、「双方とも一目惚れ」（『溥傑自伝』）で、話はとんとん拍子で進み、三七年四月、九段の軍人会館で結婚式を挙げた。満洲国からは内府大臣熙洽《きは》が参列し、日本からは皇室から竹田宮恒徳王《つねよしおう》と王妃が、民間からは総理大臣林銑十郎《せんじゅうろう》はじめ各界名士が参加した。しかし、溥傑は「関東軍は費用がかぎられているということを口実にして、参加者は五百人に制限した。このため私たち双方の参加者数も制限され、私の方は親戚友人ほんの数人だけ、浩の友人も五名、恩師も七人までと制限された。親戚や知人もこの乱暴で無礼な干渉に憤慨したが、どうしようもなかった」（『溥傑自伝』）と述べており、最初から関東軍の厳しい干渉があったことがわかる。

溥傑と浩の婚儀

溥傑らは結婚式のあと、彼が満洲国禁衛歩兵連隊大尉に任官するため満洲国へと渡る。

しかし満洲での生活は、決して豊かだったとはいえない。浩の回想によれば、「東京にいた頃、私たちの新居として新聞に載った写真は、コンクリート造り、洋館二階建の堂々たる邸宅でした。ところが来てみると、実際は急拵《ごしら》えの五間きりの家でした。新聞で見た家とはおよそ縁遠い官舎だった」という（『「流転の王妃」の昭和史』）。関東軍の扱いのひどさに泣かされたとも回想している。「私が宮廷に出入りすることすら、軍は干渉した。あまつさえ、宮廷でどんな話題がでて、どんな行動をとったのかと、逐一、宮廷内の日本人から報告をとって監視するのだ」（『流転の王妃』）と関東軍の厳しい監視の一端を述べている。

溥傑はといえば、その後、三九年に満洲国駐日大使館付武官室勤務、歩兵将校軍官学校教官を経て、四三年には陸軍大学校入学のため来日している。滞在一年余の四四年一二月、彼は陸軍大学を卒業し、帰国した。敗戦を満洲で迎えた溥傑一家は、彼はソ連のハバロフスク収容所へ送られ、浩は四七年一月に日本へ帰国している。夫との別離のなかで戦後の混乱をくぐり抜け、落ち着きを取り戻した浩に、長女愛新覚羅慧生《えいせい》の天城山《あまぎさん》での心中事件が発生したのは一九五七年一二月のことだった。

満洲国改造の夢——強力な近代工業・農業国家への変貌

皇室を通じた日満一体化とともに一九三五年以降、満洲国は、日満一体での重工業化と日本農民の満蒙移民という二大国策で、強力な近代工業・農業国家への変貌の道を模索しはじめる。この二つの国策は、いずれも日本側の強い要望とヘゲモニーのもとで推進されたもので、関東軍、満洲国、満鉄といった満洲側の機関と日本の各省庁や軍の合作物にほかならなかった。

前者は、「満洲産業開発五ヵ年計画」として三六年末には政策化され実施に移されていくし、後者は同じく三六年には「二〇ヵ年一〇〇万戸移住計画」としてこれまた政策化されていった。この政策が成功裡に展開されれば、満洲は、遠からずして重工業基地・農業生産基地となり、国境警備は、近代化した兵器を具備した日本人移民の強固な「人間トーチカ（要塞）」に任されるはずであった。

むろん、この計画が推進される背後には、前者の工業化政策にあっては日本から満洲への繊維製品や重工業機器など軽重工業製品の間断ない供給が必要であり、逆に満洲での鉄鉱石や石炭などの工業原料の大増産が不可欠だった。またそのために、満洲で不足しがちな労働力を補塡するには、華北地域からの短期季節移民労働者の導入が必要だった。そして後者の満蒙移民政策推進にあっては、広大な日本人移民地の確保が前提となっていた。しかも日本人移民者は、在地の中国人との競争に打ち勝つだけの技術力や資金力を持つことが求められていたのである。

封禁の地である満洲へ移民者として入植した中国人は、一七世紀から二〇世紀にかけて、その数三〇〇〇万人を超える農民がしっかりと大地を食《は》んで生活してきた。これに対抗して一〇〇万戸の日本人移民が大地を食むことができるか否か、ここに満洲国改造の成否はかかっていた。結果は惨めな失敗に終わるのだが、その点は項を改めて論ずることとして、先に進むこととしよう。

3 日中戦争下の満洲

日中戦争と満洲

「満洲産業開発五ヵ年計画」や満洲への「二〇ヵ年一〇〇万戸移住計画」といった国家改造計画を実現するためには、大規模な戦争をしないことが前提となる。なぜなら、必要となる膨大な資金や資材が戦争に消費されると、国家改造に回せなくなり、計画に齟齬《そご》をきたすからである。

しかし、日本はこの愚をおかしてしまった。三七年七月、北京郊外の盧《ろ》溝《こう》橋《きょう》に始まった日中両軍の衝突は、当初の予想に反して「北支事件」「北支事変」「支那事変」と名称を変えながら次第に日中全面戦争へと拡大していった。この戦争は「拡大派」「不拡大派」を交えて日本軍部や日本政府内で統一した意思が形成されぬままに「拡大派」の勢いのなかで本格的戦争へと発展していったのだ。八月には戦火は華北から華中に拡大し、そして中国全域を包みはじめた。三八年五月の徐州作戦、八月の武漢作戦で日本軍は二三個師団七〇万人の兵力を中国に送ったが、中国軍主力を捕捉殲滅し決定的勝利を得ることができないままに戦争は長期持久戦へと突入していった。

この日中戦争の勃発と拡大には関東軍と満鉄が深く関与していた。事件勃発直後に関東軍は司令官東條英機の名で、早くも北寧《ほくねい》鉄道の接収《せっしゅう》と修理班の派遣を満鉄に命じ、これを受けて満鉄の鉄道総局も動きはじめていた。北寧鉄道というのは満洲国と北平を結ぶ幹線鉄道で、関東軍が華北に出るときに必ず使用する鉄道である。鉄道総局というのは三三年三月に作られた満鉄輸送部門の取りまとめ部局で、ここが動いたということは、鉄道運営の実務部隊が活動を開始したことを意味した。

事件勃発四日目には、満鉄天津事務所の所長だった伊藤武雄が中心となって満鉄本社宛に、満洲事変のときに満鉄が金融、国際法、行政などをどのように処理したか、その資料とスペシャリストを派遣せよといった電報を送っていた。その後も天津事務所は、外科医、看護婦、無線技師、通訳、タイピストなど広範な職種の人員の派遣を要請し続けている。つまりは関東軍、満鉄、満鉄天津事務所は一体になって、三一年九月の柳条湖《りゅうじょうこ》事件の再来を想定し、事変拡大に関与していくこととなる（『満鉄と盧溝橋事件』）。

そもそも天津事務所というのは、華北に駐屯していた天津軍と満鉄が連携して活動するために、三五年一〇月に開設されたものである。満鉄が軍の要請を受けて華北進出に乗り出したとき、その調査の出先として設営された面が強い。天津軍は、三五年から三六年にかけて満洲国南部隣接地帯に「第二満洲国」を目指して華北分離工作を実施するが、天津事務所はその活動の一端を担うこととなる。その後、この天津事務所は、七月に臨時北支事変事務所と改編され、八月には北支事務所となる。さらに満鉄は華北、華中の占領地への宣撫班《せんぶはん》を派遣して、専門家の視点から占領地行政に協力している。

盧溝橋事件以降、戦線が全中国に拡大するなかで、ソ連戦線を担当した関東軍の主力は直接は動かないが、部分的な兵力の移動は行われる。日中戦争後に編成された師団で、第二十三師団は本来なら中国戦線に投入されるはずであったが、北満ハイラルにあった騎兵集団が中国戦線に転用された結果、その穴埋めとしてハイラルに派遣された。しかしこの第二十三師団は、ノモンハンでソ連モンゴル軍と戦闘し、壊滅的打撃を受けることとなる。逆に第十、十一師団は、中国戦線から帰還後満洲へと派遣されている（『陸軍師団総覧』)。さらに満鉄は、十河信二《そごうしんじ》を社長に興中公司を設立し、華北・華中の日本占領地の接収企業の敵産管理運営を中心とした占領地行政を展開した。

このように、日中戦争においては満洲の各機関が多様なかたちで関わった。そして、日中戦争の勃発と拡大が満洲に与えた影響は大きい。まずは三七年の年頭から始まった鉄鋼増産を主体にした「満洲産業開発五ヵ年計画」が大幅に変更され、日中戦争拡大に対応した計画へと修正された。三七年後半から三八年前半にかけて手直しが行われ、中途から実施された修正五ヵ年計画がそれである。修正計画は、鉱工業の拡大を中心に総資金額が約二倍に増加するとともに、対日物資供給が重点的に展開された。詳しくは後の章で述べるが、こうして満洲国の重工業化を目指した計画は、戦争遂行に必要な資材の生産基地へと変貌していかざるを得なかったのである。

和平の動きと東亜連盟

では、日中戦争が拡大一方だったかといえば、必ずしもそうではない。さまざまな和平の動きも見られた。そんななかで満洲と関連して組織的和平工作の動きを演出した組織の一つに東亜連盟がある。

東亜連盟の生みの親は「世界最終戦論」を唱えた石原莞爾である。この団体の誕生は一九三九年一〇月。集まった発起人の数は十数人。彼らは日中戦争に反対し、日中両国の早期和平を目指し宣伝活動をすることを申し合わせた。

その頃、日中戦争は泥沼にはまり込んでいた。長期戦のなかで幾度か和平につながるチャンスがあった。最初のチャンスは、開戦間もない三七年末からのドイツ大使トラウトマンの和平工作だった。しかし、これも三八年一月に近衛首相が「国民政府を対手（相手）とせず」なる声明を出すことで、和平への道を自ら遮断した。

三八年一〇月の武漢作戦の終了と持久戦化のなかで、次の動きが現れる。近衛内閣は三八年一一月に、もし国民政府が中国共産党と袂をわかち抗日政策をやめるなら、ともに手を携えて「東亜新秩序」を建設しようという「東亜新秩序声明」を発表する。

しかし、日本にしばしば裏切られてきた国民政府側は、この誘いに慎重だった。わずかにこの声明が生んだ効果といえば、この誘いに乗って一二月に国民政府の中の反共和平派の汪兆銘《おうちょうめい》が重慶を脱出し、日本の陣営に合流したことだった。しかし彼と行動をともにした国民政府要人は少なく、多くは蔣介石のもとで重慶にとどまった。一九四〇年三月に日本軍は汪を首班に、南京に軍が前面に出た傀儡政権をさびしく誕生させた。

東亜連盟が旗揚げしたのは、これに遡《さかのぼ》ること半年前の一九三九年一〇月で、まさに燃え盛る中国での抗日の嵐の中で、戦争が短期終結と和平の可能性を失い、長期持久戦に移行しはじめたときだった。

この団体に関わった主要人物を見てみよう。発起人は木村武雄。彼は山形県出身で、青年時代から石原莞爾に私淑《ししゅく》し、昭和恐慌期には荒廃した農村をバックに食えない農民を救済する飯米貸し上げ請願運動を展開、一九三六年には衆議院議員に当選する。東亜連盟でも彼の下に農民運動出身者が結集した。

同じく発起人の宮崎正義は前述したように満鉄調査部出身で、日満の五ヵ年計画立案の中心人物である。石原と親交をもち、東亜連盟の創立に参加した。三八年一二月には同組織の理論的指導書ともいうべき『東亜聯盟論』を執筆している。

和田勁は元日本陸軍軍人で、満洲事変に関与、満洲国軍の前身靖安遊撃隊に身を置き抗日ゲリラ戦に苦戦、負傷している。その後、協和会の創立委員に名を連ねる。石原の要請で東亜連盟の創立に参加し、後に木村の後を受けて東亜連盟の責任者となる。

中山優は東亜同文書院出身で、これまた石原の推薦で建国大学教授に就任し東亜連盟の設立に参加している。このほか創立に参加したメンバーには伊東六十次郎《むそじろう》、細川嘉六《かろく》、杉浦晴男らが並ぶ。細川を除けば、いずれも石原莞爾と深い師弟関係を持つ。

満洲で活動していた代表的人物に小澤開作がいる。オーケストラ指揮者の小澤征爾は彼の息子である。小澤開作は満洲国協和会の設立に関与した人物であるが、協和会の上意下達化に反発し関東軍と対立、結局は協和会に見切りをつけて北平に移り、そこで東亜連盟運動を展開した。

結集したメンバーの数は決して多くはなかった。むしろ少なかったといってよい。むろん例外はあるが、石原の交友関係のなかでも満洲国関係は多く、協和会関係がその主力であった。

ノモンハン事件と第二次世界大戦の勃発

日中戦争の拡大が関東軍のソ満国境防備に支障をきたすことは、かねてより危惧されていたが、それを現実化させる動きが一九三九年五月発生した。ノモンハン事件がそれである。

この事件は一九三九年五月モンゴル軍と満洲国軍の小競《こぜ》り合《あ》いから始まった。ノモンハンとは満洲国と外蒙古（現モンゴル国）の国境に位置し、ハルハ河東岸に広がる牧草地をさす（図表8参照）。日満側はハルハ河をもって、またソ連側はノモンハンをもっておのおの国境線を主張し、それまでも境界が曖昧なために紛争の原因になっていた。しかし、さして重要でもないこの地域が、日本とソ連双方にとって譲ることができない紛争地になるには、それなりの理由があった。ひとたび対ソ戦が勃発すれば、沿海州からシベリアに抜ける東部戦線に加え、ハイラルからチタへ進む西部戦線が検討され、その拠点の一つがハイラル周辺だったのである。

事件が勃発すると関東軍参謀辻政信は、ハイラルの第二十三師団を動員し、これに関東軍の戦車部隊、航空機集団を加えて、七月一日、軽中型戦車七〇両、航空機一八〇機、兵員約一万五〇〇〇で総攻撃を加えた。しかし日本軍がハルハ河西岸に進出すると、ソ連軍

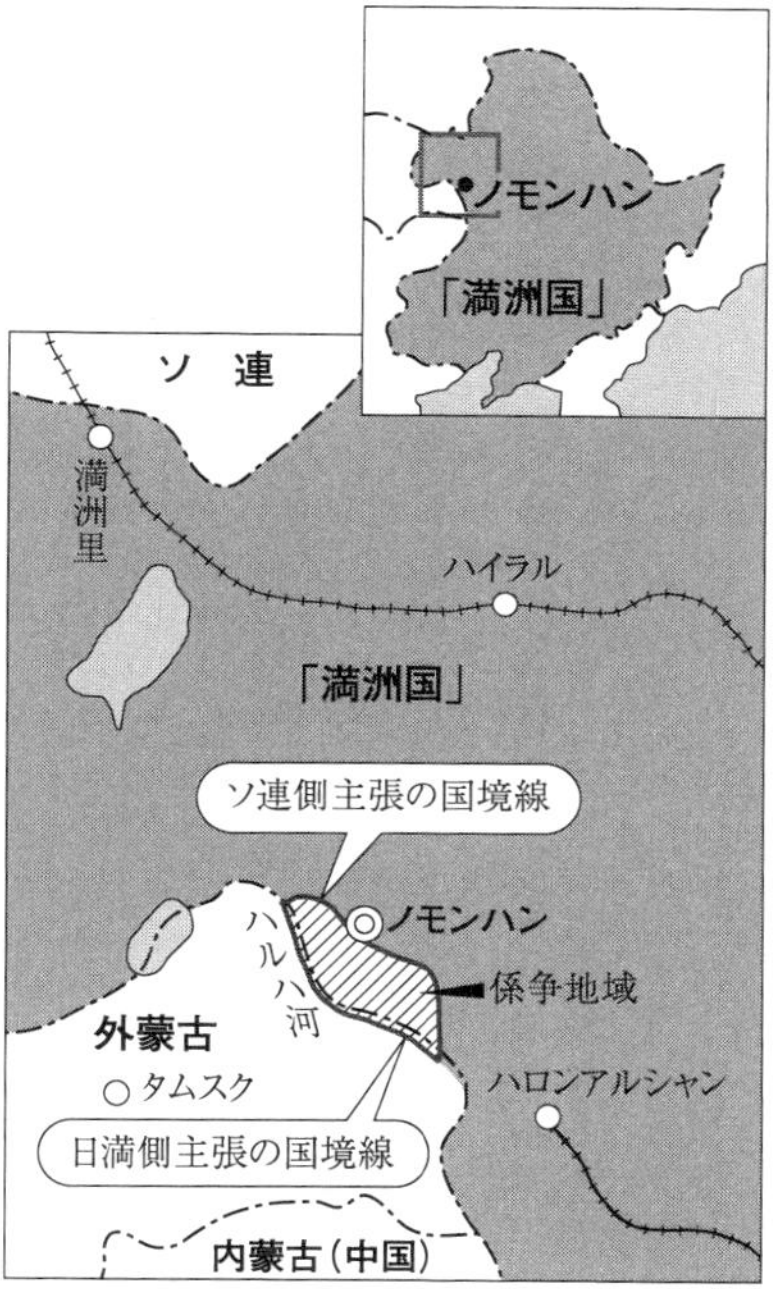

図表8　ノモンハン事件

は重武装の近代戦車三〇〇両で即座に反撃する。七月二三日、関東軍は内地から動員した野戦重砲を加えた反撃に出たが、ソ連軍はこれを上回る重火器で対抗、当初は優勢だった航空兵力も、新手《あらて》を繰り出すソ連軍の空軍力を前に次々と熟練パイロットを失って戦力を低下させた。

そして八月二〇日、指揮官ジューコフが率いるソ蒙軍が総攻撃に出た。強力な重装備の装甲師団に加え、日本に倍する兵力を擁したソ連軍は、突撃と火炎瓶《かえんびん》だけで有力な対戦車兵器を持たない日本軍の主力二十三師団、第七師団に壊滅的打撃を与えて駆逐した。この直後の八月二三日、独ソ不可侵条約が締結された。この三年前の三六年一一月、日本はコミンテルンに対して相互防衛措置の協議を決定し、秘密付属協定でソ連との協定不締結を謳《うた》った日独防共協定を締結していたが、このドイツの協定違反行為を前に、二八日、平沼内閣は「欧州情勢は複雑怪奇」の言を残して総辞職した。

九月一日、ドイツ軍がポーランドに進攻を開始することで第二次世界大戦が勃発した。ドイツ軍は西から、ソ連軍は東から、ポーランドを攻撃した。そんななか、ノモンハンでは九月一五日、日本軍はソ連軍が認める国境線で矛《ほこ》を納める停戦協定に合意したが、それはドイツ軍によるワルシャワ占領の二週間前だった。

この事件に中隊長として参加し負傷した草葉榮は、日本軍よく戦えども「遺憾ながら全般の情勢と且は装備において、特に量的充実において彼に一籌を輸するものがあり」（『ノロ高地』）と記していた。近代装備のソ蒙軍と日露戦争当時と変わらない日本軍。あまりにも違いすぎる両軍の兵力差だった。

当然、ノモンハン事件直後にその敗因は論議されるべきであった。しかし、軍首脳にそうした対策を論議した形跡は見られない。「臭いものには蓋《ふた》」といった隠蔽《いんぺい》工作が一般化し、事件に対する郵便検閲も強化された。

「ハルハで日本軍が三千も三日に死んだです。旭川二十七聯隊歩兵一ヶ聯隊と言ふ。気の毒でなりません。陸軍病院は戦傷患者で一杯で一週間に百五十名位づつ大連の方に送ってやるんですが、前線からどん〳〵来るんです。内地の新聞なんか日本軍が勝った様に書いてあるが、実際に負けてゐる状態です。斉々哈爾《チチハル》の七師団は勿論全部ハルハ河で奮闘して居る」

これは斉斉哈爾在住の坂某なるものが北海道の親戚宛に出した手紙の一部である。この手紙は憲兵隊の検閲で没収の処置を受けているから親戚の手には届いていない。しかし満洲に居住していた日本人は、風の便りでノモンハン事件の厳しい戦闘と日本側の甚大な被害の実態をうわさとして聞いていたと思われる。

「通信網弾薬糧食の道を断たれ、砂漠に水々と叫びながら護国の鬼と化する兵、残念でなりません。近代兵器の粋を集めたソ聯と戦ふことは肉弾や精神では矢張り駄目で、草木のない平地を攻撃するなんて無暴《ママ》です」

これもまた先の斉斉哈爾在住の日本人同様、この戦闘に参加したものの手紙だった。この手紙も憲兵隊に没収されて相手には届かなかった。日本軍は、検閲で情報を封殺したまま事実をひた隠しに隠し、反省の材料も抹殺したまま、近代兵器の前に人肉を犠牲に供する愚策を、三年後のガダルカナル島以降、アジア太平洋各地で繰り返すこととなる。

溥儀の再訪日――紀元二六〇〇年――

日満一体化が遅々として進行していないなかで、溥儀が二回目の訪日を果たしたのは、一九四〇年六月のことだった。この年、日本は挙げて紀元二六〇〇年を祝ったわけだが、その一環として溥儀が再度日本を訪問したのである。

六月二二日早朝、新京を発った溥儀一行は、夕方に大連に到着、御召艦日向《ひゅうが》に乗り日本へと向かった。

第一回目の訪日のときは、洋上で連合艦隊七〇隻の大デモンストレーションが展開されたが、第二回目はそうしたものはなく、艦内巡覧や神武天皇東征の進講や洋上から九州で高千穂《たかちほ》、東海で富士山を眺めるなどして時間を過ごしている。二六日、横浜港に入港するが、ここでも前回あった一〇〇機近い航空機の歓迎ショーはないまま、高松宮の出迎えを受けて上陸、その足で東京駅へと向かい、駅まで出迎えた天皇と握手を交わしている。

高松宮は、日記の中で「……沿道、奉迎者堵列す。満洲国の紙旗はキレイだつた。東京駅着。今度は、陛下に御紹介する要もなくたゞアトからついていつただけだから楽なり」「赤坂離宮まで自動車に同乗して、直ちに皈《かえ》る。本庄大将陪乗。支那語で話してゐた」(『高松宮日記』第三巻)と記した。

その晩は天皇主催の晩餐会、翌二七日は明治神宮参拝、皇太后への挨拶、午後は靖国神社参拝、夜は溥儀主催の晩餐会、翌日はさしたる用事もなく、二九日は午後皇太后の午餐会が催されている。七月二日に東京を発って関西へと向かい、伊勢神宮、橿原神宮《かしはらじんぐう》、伏見桃山陵などを参拝した後、六日に大阪港より日向にて一路大連へと向かった。一〇日大連着、一一日新京へと到着した。

宮内省の意向もあって「努めて簡素を旨」(『昭和天皇とラストエンペラー』)としたため、第一回目と比較すると出迎えは控えめで行事の数も少なく、「満洲日日新聞」の扱いでも、活発化した欧州西部戦線や対峙している日中の戦争の報道の陰に隠れてやや控えめである。しかし溥儀はここでも一歩踏み込んで建国神廟《しんびょう》の創建を約束している。そのために彼は天皇から三種の神器を受け取り、それを満洲へ持参したのである。

戦後彼は「北京の琉璃廠《ルリチヤン》〈骨董品・古本屋の多い町〉へ行けばこんなものはいくらでもあると聞いている。太監が紫禁城から盗み出したこまごましたものをどれ一つとっても、これよりは値うちがある。これが神聖不可侵の大神なのだろうか。これが祖宗なのだろうか……帰りの車のなかで、私は泣けてくるのを押えられなかった」(『わが半生』下)と回想しているが、訪日時におしいただいて満洲国へ持ち帰ったときとは一変している。溥儀は、戦後に振り返って、「へつらいの言葉が決まり文句となった」(『わが半生』下)と述べているが、あの時点では本気でそう信じていた気配が感じられる。この訪日から後述する満洲建国一〇周年記念行事まで見てみると、溥儀自身が神道へ傾斜してきているのだ。

日ソ中立条約と関東軍特種演習

一九四一年六月、突如としてドイツ軍はロシア国境線を突破してソ連領に進攻した。三九年九月勃発した第二次世界大戦で、ドイツはポーランドを占領、ソ連もフィンランドに侵攻していたが、西部戦線ではしばらく動きが止まっていた。しかし、翌四〇年四月ドイツ軍のノルウェー、デンマーク占領をもって動きだし、五月にはベルギー、オランダ、ルクセンブルグに侵攻、英軍はダンケルクから英本土へ撤退した。そして六月にはパリがドイツ軍の手に落ちた。七月、ドイツ空軍はイギリスの屈服を目指して英本土空襲を実施、ロンドン爆撃を強化した。しかしイギリスを屈服まで追い込めないままにヒットラーは、翌年六月に突如ソ連攻撃を開始したのである。不意を討たれたソ連軍は、敗退を重ねて一〇月にはモスクワにまでドイツ軍が迫ってきていた。

他方、松岡洋右外相は、ドイツのソ連攻撃が始まる二ヵ月前の四月、日ソ中立条約に調印した。折から泥沼化していた日中戦争の解決策を南進に求めて、前年九月、日本軍は北部仏印進駐を強行し、その四日後に日独伊三国同盟を締結する。これに対しアメリカが日本重工業の死活物資であるくず鉄の禁輸を実施、さらに日米交渉を提唱するなかで、松岡は南進と対米交渉を有利に進めるべく日ソ中立条約を締結したのである。

その後、フランスがドイツに降伏した四一年六月、日本軍は南部仏印進駐を実施、七月はじめに御前会議で対英米戦準備と対ソ戦準備を盛り込んだ「情勢の推移に伴う帝国国策要綱」を策定する。ドイツ軍がソ連軍を破って破竹の進撃を続けているなかで、関東軍は七〇万人の兵力を動員しソ満国境を圧迫する関東軍特種演習（関特演）を実施した。

しかし、一〇月以降のドイツ軍のモスクワ攻撃は、一二月初めに挫折する。日本もまた北進を断念し、南方へと矛先を変えて兵力を南方へ転用していくこととなる。しかし西からのドイツ軍の攻撃に呼応して東からシベリアへ関東軍が攻め入る可能性を秘めたこの関特演がソ連に与えた脅威は相当のものがあった模様で、戦後シベリアで捕虜生活を送った古海忠之は、その実態を厳しく追及され、知らぬ存ぜぬで通したが、満洲国外務部関係者は知らぬとはいえず、懲役二〇年の刑を受け獄死したものも出た（『忘れ得ぬ満洲国』）。

4 アジア太平洋戦争下の満洲

満洲の人々は対米戦争をどう受け止めたか

北進か南進かでめまぐるしく変化する状況下で、最終的には一九四一年一二月八日、日本は対米戦に突入する。開戦と同時に満洲国は皇帝の詔書を出し、張景恵総理の訓諭を発表したが、対英米への宣戦布告はしていない。満洲国弘報処長だった武藤富男は、弘報処地下室で無線傍受をしていた白系露人から非常電話で、日本軍の真珠湾攻撃の報を受けたという。この報を満洲国の国務院幹部に知らせたところ、集まった大方の日系幹部は「脚をふんばる者あり、目を輝かす者あり、こぶしを握るものあり」（『私と満州国』）で、いささか興奮気味であったという。

翌九日の「満洲日日新聞」の紙面を見てみよう。第一面には「帝国米英に宣戦布告」とあり、マレー半島に上陸、ハワイ空爆、シンガポール、香港での戦闘などが紹介され、「宣戦布告に関する詔書」が掲載されている。二面には「厳然！　北方を瞬睨　頼もし関東軍　待機の姿勢」「瞬間　凍結する表情　沈痛、在奉米総領事」と、満洲での関東軍の姿勢や奉天の状況を伝えると同時に、「漲る緊張　歴史的一声　断の決意、発表の瞬間」と題して東京の雰囲気を伝えている。この辺は日本の新聞と大差はない。わずかに「満鉄備え万全」と題して「外国人旅行禁止令に基づき英米人をはじめ第三国人の旅行乗車券発売禁止を断行する旨八日鉄道総局より各鉄道局を通じ全満各駅及び東亜旅行社に通達、手配を行った」ことを報じた箇所などに若干の満洲を感ずるのみである。

三面以下はいかにも満洲的だ。まず「頼もしき協和会」の見出しで中央本部長談として「ここに至るまで日本は尽すだけを尽し譲るだけを譲ってきた、すでに譲るべき何者もない、遭遇すべき最後の事態に遭遇しただけだ、日満一体の旗の下に全満協和会員の決意表明はなっている、協和会として新しい態度もなにもない、したがって来年度の運動方針についても現在なんらの変化も考えていない」として、冷静に今回の事態を捉えていると表明している。

また「固唾呑む国務院　要人連の往来頻繁」と題する記事では「日頃の盛んな談笑も消

え、固唾を呑んで対外ニュースに全感覚を集中、国務院会議の結果如何にと待ち構えている」と書き、それと並んで「眼光炯々」と題して張景恵総理の談話が掲載されている。それは「我々東亜諸民族興隆の時が到来したことを眼のあたり見て感激に堪えない」「我々四千万国民は天皇陛下の稜威のもと必ずや敵を撃滅し大東亜共栄圏の確立を確保する」「皇軍に協力、聖業完遂に力を尽す覚悟である」と結んでいた。

四面には「全社員その本分を守り誓ってこの難局を突破せんことを期す」ことを謳った満鉄社員会の宣誓文が紹介され、また満洲医大も決戦の覚悟を表明した。満鉄社員、満洲医大教職員ともに奉天神社、忠霊廟《ちゅうれいびょう》に参拝し戦捷《せんしょう》祈願のあとで先の決議文を読み上げていた。宣戦布告はないものの、全紙面は決戦への決意表明で埋め尽くされていた。

満洲建国一〇周年記念式典

日満一体の完成形態は、一九四二年九月一五日に実施された満洲建国一〇周年記念式典だったといってよい。しかしそれは、日満一体化のセレモニーであると同時に、また日満解体の序曲でもあった。

式典はすべて日本式で、期間は九月一三日から一九日まで七日間行われた。一三日は日本建国の神の天照大神に国運の隆昌を祈念する建国神廟臨時親告祭、一四日が建国に殉じ死亡した魂を慰める建国忠霊廟臨時奉告祭、そして一五日は日満議定書締結一〇周年を記念した慶祝式典である。そして一八日は満洲事変勃発一〇周年を祝う祝典が準備された。この式典には、建国の功労者ということで、関東軍司令官本庄繁、特務機関の土肥原賢二《どいはらけんじ》ら一八名が招待されていた。

一五日の式典は、新京の南嶺の総合運動場で実施された。参加者は約一万人。ラッパの音が響き渡るなかで溥儀が張景恵総理に先導されて入場。そのあと溥儀は張景恵に勅語を下賜《かし》、張はそれを受領して退席。張再び登壇し万歳を三唱、会場ではこれに唱和して万歳の声が会場にこだましたという。一三日、一四日に続いてこの日の式典もすべてが日本式であった。溥儀が張に与えた勅語も「天照大神の神庥と天皇陛下の保佑とに頼り我国建国の業を創めしより茲に十載を経」とあるように、日本の天皇のスタイルそのものであった。建国一〇周年に寄せた東京からの東條英機総理の慶祝放送の冒頭でも「満洲国皇帝殿下にはいよいよ御康寧に亙らせられ、我が皇室とますます御親睦を加えさせらるるを拝しますことは、まことに恐縮感激に堪えない次第」（「朝日新聞」一九四二年九月一六日）と述べたことはそのことを如実に語っているといえよう。

溥儀の対日観も相当親日的に傾いていたようで、翌四三年三月一二日の『石射猪太郎日記』で彼は「花輪〈義敬・大使館参事官〉君の満洲談を聞く、治安の確立、農作の順調、鉱工業の発展等真に見るべきものありと礼賛す、満洲皇帝の対日誠意の表現面白く聞く」と述べていたから、割り引いて聞くにしても、溥儀の日本への入れ込みは相当なものだといわなければならない。

しかし同時にこうした過度の日本的式典が、在満漢・満・蒙族の反感を買っていたことは間違いない。それは、この式典が日本人中心で、日本人以外の参加をほとんど見ることがなかったなかに現れている。こうしたなかに後の満洲国の崩壊の要因が胚胎《はいたい》していたといえよう。出し物は御神輿《おみこし》、奉納剣道、奉祝午餐会は折り詰め弁当と日本酒の小瓶とあっては何をか言わんや、であろう。

加えて国歌の変更である。これまでの国歌は、初代国務総理鄭孝胥作詞で「天地内有了新満州（天地のうちに新満州がある）」という出だしで始まる儒教的な雰囲気に満ちたものだった。しかし「建国神廟は創建され、満州国は日本の『親邦』と呼ばれるようになったのに、国歌にはそれが現れていない」（『私と満州国』）ので、新国歌を作る必要があるというわけである。

早速、日満八名からなる新国歌起草委員会が作られ、準備が進められた。日本語の歌詞を中国語に翻訳し、日満両国共通の国歌とするかたちで作られた新国歌は、「おほみひかり　あめつちにみち　帝徳は　たかくたふとし」といった日本調のものだった。作詞、作曲されたものを山田耕筰《こうさく》が修正し、満洲国政府の承認をもって新国歌は完成したのである。山田は、一〇周年記念の式典のとき新京を訪問、新国歌のレコード吹き込みのタクトを振っている（「満洲日日新聞」一九四二年九月一七日）。

これと関連して、森繁久彌のこんな回顧談がある。当時新京放送局のアナウンサーだった森繁は、山田耕筰先生歓迎の宴で、酔いに任せて「あの歌は日本人好みであっても五族の民が皆で歌える歌ではない」とやった。これが山田の逆鱗《げきりん》に触れて大変なお叱りを受けたというのである。もっとも山田をホテルに送っていって、ちゃっかり部屋のジョニー・ウオーカーをせしめて帰館したところは、いかにも若き日の森繁らしいところである（『青春の地はるか　五十年目の旧満州への旅』）。

食糧増産と移出奨励

満洲に課せられた課題は数多いが、なかでも重要だったのは、食糧増産と対日移出の拡大だった。満洲国の敗戦時の総務庁次長（満洲国日系官吏のナンバー2）だった古海忠之《ふるみただゆき》は、戦後の戦犯裁判のなかで、一九四〇年から四五年までを「経済統制を強化し又資金労力統制に於ても整備した時代」だとしたあとで、この時期の政策課題は「戦時緊要物資の緊急増産、対日援助の増大に集中せられ」（『侵略の証言』）たとある。

彼が提出した資料によれば、穀物収買実績は、一九四〇年の五八〇万トンから四四年には八九〇万トンへと一・五倍へ増加したが、対日援助数量は一六〇万トンから三〇〇万トンへと一・九倍へ、輸出数量は、四五万トンから六五万トンへ一・四倍へ、関東軍用が八〇万トンから一二〇万トンへ一・五倍へとそれぞれ増加したというのである(同上)。対日援助数量は、他のいかなる項目よりも増加倍率が大きかった。

当然、満洲の食糧は不足をきたすわけで、食糧価格の高騰は免れない。満洲国政府は、一九四一年一二月に「戦時緊急経済方策要綱」を発表、物価統制令を発して食糧価格の上昇を抑え、配給統制を実施した。しかし、逆に官僚統制の弊害で、ヤミ経済を横行させる結果となって、事態はますます悪化の一途をたどっていった。

満鉄調査部事件

日満一体化の進行とともに、生産力増強のための資本主義制度の手直しを図る「革新」の動きが「アカ」(共産主義)として排除される動きが顕在化した。それを象徴的に示したのが、一九四二年九月におきた満鉄調査部員の一斉検挙事件だった。九月二一日早朝、関東憲兵隊は、主だった満鉄調査部員の一斉検挙に乗り出した。突然の検挙劇に、多くの調査部員は寝込みを襲われるかたちで、着の身着のままの姿で引き立てられていった。検挙劇はこれだけで終わらず、翌四三年七月に第二次検挙が実施され、主だった調査部員は収監され、調査部は一時機能不全に陥ったのである。

この検挙の計画は、その前年の四一年一一月の合作社事件からすでに始まっていた。すでに三七年頃から北満濱江《ひんこうしょう》省で貧農救済を目的とした合作社運動を展開していた佐藤大《だい》四郎《しろう》らを国体変革の運動とにらんでいた関東憲兵隊は、公金横領容疑を口実に一一月、一斉検挙を実施した。この事件がきっかけとなって、満鉄調査部に大掛かりなマルクス主義団体が存在するとにらんだ関東憲兵隊は、四一年一〇月二八日、検挙への行動を決定した。これを決定した日時を絡めて彼らは「一・二八工作」と称していた。

満鉄、満洲国とともに歩んできた調査部が、なぜ四二年九月に憲兵隊の一斉検挙を受ける結果となったのか。それを語るには、まず三七年の「満洲産業開発五ヵ年計画」実施と日中戦争勃発にともなう満鉄の改組、日産コンツェルンの満洲進出、その結果満鉄が鉄道と調査活動に特化していったことにふれなければならない。この結果、調査部は、三六年一〇月に産業部に改組され、さらに生き残りをかけて三九年四月には再度改組されて大調査部が出現した。新たに六〇〇余名を補充して総勢二〇〇〇名を超える調査部全盛時代を迎えたのである。彼らは、総合調査として「支那抗戦力調査」、「日満支ブロック・インフレーション調査」など数多くの国策調査を手掛けていく。

総合調査に不可欠なのはそれを分析する方法論である。調査部発足から一九二〇年代までは、どちらかといえば実情報告的なレポートの類が報告書に多かったが、三〇年代に入ると総合分析的な刊行物が増加する。彼らが選択した方法論とは、マルクスの『資本論』をベースにした政治経済学的手法だった。それを積極的にリードしたのが三〇年代初めに調査部入りをした京都帝国大学出身の大上末広《おおがみすえひろ》だった。彼は、当時満洲で『満洲評論』を主宰していた橘樸《たちばなしらき》と親交を深めつつ満洲社会の総合分析を開始した。これに対抗したのが、鈴木小兵衛《こへえ》たちだった。鈴木たちの周りには大調査部に拡充された時期に入部した中途採用組が多かった。大上らが、満洲社会を「半植民地半封建社会」と規定し日本からの近代化作用を重視したのに対して、鈴木らは満洲社会内の資本主義の発展を強調した。大上らが尾崎秀実《ほつみ》や中西功《こう》らの協力を得て総合調査を積極的に推し進めたのに対して、鈴木らはこれに距離を置いた対応をした。

大上らが客観的事実の積み上げの上で出した「支那抗戦力調査」の結論は、日本の敗戦は想定しないものの、勝利を約束するものではなかった。続く「日満支ブロック・インフレーション調査」も明確な結論は出さないものの戦争の行く末を楽観視したものでなく、両者とも軍の意向に沿うものではなかった。無用の長物どころか戦争遂行の障害物に見えた調査部に検挙旋風が吹き荒れるのは時間の問題だった。彼らは、憲兵隊の誘導にしたが

講談社現代新書

って自白を強要され、「ケルン」結成を図ったとして四五年五月二〇名が検挙された。最高刑は渡辺雄二、松岡瑞雄の徒刑五年で全員執行猶予付であった。敗戦三ヵ月前のことだった（『満鉄調査部事件の真相』）。

南方戦線へと抜かれていく精鋭師団

日中・アジア太平洋戦争下の満洲は、一見、平穏に見えた。というのは、主要な戦場が中国大陸及び東南アジアであって、満洲が対峙するソ連は、日ソ不可侵条約締結以降満洲との国境は防備を固めながらも積極策は打ち出さず、表面上は平穏を保っていたからである。この間対ソ戦用に配備されていた関東軍は、急を告げている南方戦線への応援のため、一九四四年段階から次々とその精鋭を送りだしていた。

第一師団　東京→斉斉哈爾（北満）→フィリピン・レイテ島
第八師団　弘前→熱河作戦→関特演参加→フィリピン・ルソン島
第九師団　金沢→満洲駐箚《ちゅうさつ》→上海→満洲駐箚→沖縄本島を経て台湾
第十師団　姫路→吉林→華北戦線→満洲駐箚→フィリピン・ルソン島
第十一師団　善通寺→シベリア出兵→上海→満洲駐箚→日本本土・四国
第十二師団　久留米→シベリア出兵→満洲駐箚→台湾

第十四師団　宇都宮↓シベリア出兵↓華北戦線↓満洲駐屯・関特演参加↓パラオ諸島
第二十三師団　熊本↓ノモンハン↓フィリピン・ルソン島
第二十四師団　満洲ハルビン↓東満↓沖縄本島
第二十五師団　満洲東寧↓関特演↓日本本土・九州
第二十八師団　満洲新京↓沖縄・宮古島
第二十九師団　満洲↓グアム島
第五十七師団　弘前↓関特演参加↓日本本土・九州
（『陸軍師団総覧』）

師団番号の若い老舗師団は、いずれも北方の守りの要から一九四四年以降南方へ転出、フィリピンなどの激戦地に投入され、全滅の憂き目に直面している。第一師団などはその典型で、日本でももっとも古い師団の一つで東京の警備が中心だったが、一九三六年に二・二六事件で第一師団の青年将校が主体で蜂起した関係から、満洲へと追いやられた。その後、対ソ戦に備え北方警備の任にあったが、南方戦線が風雲急を告げる四四年暮れ、フィリピンの激戦地レイテ戦に投入された。激戦二ヵ月、第一師団は全滅に近い打撃を受けてセブ島に後退した。

かつて横井庄一元陸軍伍長が一九七二年一月にグアム島の洞窟から救出されて話題となったが、彼が所属していたのは満洲で編制された第二十九師団だった。この師団も四四年三月に満洲防備から抜かれてグアム島防衛にまわされ、全滅の運命をたどっている。

敗戦間際の関東軍は、一九四五年七月時点で二四個師団、七五万人を擁していたといわれている。しかし、主力を南方に割いたあと、その欠員を埋めるために根こそぎ動員して編制した師団であったため、一番古い百七師団でも四四年五月編制されたばかりの新参者であり、装備、素質、練度ともにお粗末で、過去の師団数に換算すれば、八個師団分しかなかったといわれている(『満蒙終戦史』)。

ドイツの敗退

モスクワに迫ったドイツ軍の攻撃が挫折したのが、日本が太平洋戦争に突入した一九四一年一二月八日だったことは、日本の戦争の敗北を予感させる日付の符合だったとしかいいようはない。ソ連軍は翌四二年一一月には早くもスターリングラードでドイツ軍への大反撃を開始し、四三年二月にはドイツ軍を降伏へと追い込んだ。四四年一月にはレニングラードでドイツ軍へ大攻勢をかけてこれを駆逐し、四五年初頭にはワルシャワを解放した。ドイツ軍が無条件降伏文書に署名したのは同年五月のことだった。

この間、ドイツ軍を西方に駆逐していく過程を、満洲国側はどう見ていたのか。

ソ満国境のソ連軍の兵力に変化はなく、表面的には平和は維持されるなかで、満鉄調査部は丹念に独ソ戦の動向を追跡していた。満鉄調査部は、関東憲兵隊による一九四二年九月、四三年七月の二度の検挙を通じて主要幹部の大半が検挙され、組織は縮小・改編された。しかしそうした状況下でも、北方調査室を中心にソ連動向や独ソ戦の推移は丹念にフォローされていた。

北方調査室では「独ソ戦綜合週報」を出して戦闘状況を逐一報じていたし、四三年夏のクルスクの会戦でドイツ軍が敗退し、ソ連軍はさらに西方にドイツ軍を追撃しているさまが報じられていた。

ソ満国境開戦の日はいつ

ドイツ敗北が濃厚となるなかで、次はソ満国境での戦争だという認識は、多くの満洲在住の人々にとってごく自然な受け止め方だったようだ。問題は、いつ戦端が開かれるかということである。確実な情報が流されていなかったこともあって、さまざまなうわさが広がったようだ。

福井県の木村某が華北に派遣された部隊の友人に宛てた手紙などは、この種の開戦を占った比較的早い時期の書簡である。

「今内地では大東亜戦も南方の方は一通り片付いたので、愈々今度はソ聯と一戦を交へると此んな噂が専らです。何しろ余り召集動員がひどいので、多分五、六月頃には始まるものと国民は予想して居ます。ひどい世の中に成ったものです」

一九四二年四月に出されたこの手紙は、憲兵隊の手で検閲の結果、没収されて、宛先には届いていない。

「秘密ですが東満国境地帯もソ聯と戦争が四月頃に始まるかもわかりません。東安もソ満国境ですからね。或る兵隊の中尉がサンパツ屋でも戦争の話してゐました」。これは一九四三年一月に、ソ満国境の町東安の山村某なる人物から日本の徳島県の親戚に送った手紙である。

「只今当地では今年こそ蘇聯と戦争が始まると云ふので町の人達は防空壕を掘ったり、食料品を買集めたり、大騒ぎです。万一始まると大変です」。これもソ満国境の斉斉哈爾の堀越某から群馬の市川某に宛てた手紙である。

「……自分達の修理して居る車は皆軍隊の自動車です。毎夜夜業から夜業で部屋に帰るのは一時頃です。兵隊さんの話では近い内にロシヤと戦争を始める相です。自分達の居る北安迄汽車で一夜かかります」。これらはいずれも四三年三月の書簡である。

同じ四三年三月のことだが、ソ満国境でウスリー川を隔ててブラゴウェシチェンスクと向き合い、軍事演習時には戦車の音や航空機の爆音が聞こえるといわれる黒河に住む印宮某から、静岡県に住む親類に宛てた書簡も、緊迫化し開戦間際の雰囲気を伝える文面が検閲で没収の憂き目を見ている。「前文略　一寸重大なニュースを御知らせ致します。実は最近頓《にわか》に満ソ国境の警備厳重となり、満ソの国境急を告げ、一触即発の危険なる時に変りました。或人の話に依りますと、六月迄に戦端を開く様な事です。自分達は多分後方勤務です」。

一九四四年から四五年にはいると、そのうわさはますます数を増し、緊急度を増してくる。特に対独戦を終了したソ連軍主力が、シベリア鉄道で東送されているという「うわさ」が広がると、対ソ戦間近といううわさは信憑性《しんぴょうせい》をもって広がっていった。ソ満国境で戦端が開かれるのは時間の問題だった。

第5章

「満洲国」は何を目指したのか

——「満洲産業開発五ヵ年計画」と満洲移民計画

昭和製鋼所全景（鞍山）

以上は敗戦間際までの満洲国の歩みである。戦後の満洲に移る前に、満洲国の治安安定工作が進行し、溥儀が執政から皇帝へと衣替えをするなかで、急速に満洲国国家改造計画が具体化されていく過程をやや詳しく検討してみることとしよう。

それは、工・農両部門で時期を同じくして展開された。一つは「満洲産業開発五ヵ年計画」であり、いま一つは満洲移民計画だった。これらの計画は、それぞれが異なる立案機関をもって展開されたが、究極の目的は「日満一体化」であり、それは満洲の国家改造を通じた「日本化」の夢の実現にほかならなかった。しかしこの夢は、日本そのものをとりまく環境の変化と、満洲の大地に根をおろす中国農民のパワーの前に、破綻《はたん》を余儀なくされていく。

1 「満洲産業開発五ヵ年計画」

宮崎正義と経済調査会

まず前者「満洲産業開発五ヵ年計画」から見ていくこととしよう。

満洲事変後に関東軍は国家体制づくりに邁進するが、その過程で満洲国の政策立案を担当する機関の必要性が浮上した。武力を用いた治安工作は関東軍の得意とする分野だが、国づくりの要をなす経済政策立案となると他の機関の援助が必要となる。関東軍がその役割を期待したのは、満鉄調査部であった。

関東軍と調査部とは、決して太くはないが、一九二〇年代から継続していた石原莞爾らと宮崎正義らとの交流のネットワークが形成されていた。石原は、占領後の建国プランの立案を満鉄調査部に依頼した。関東軍の要請に応えるかたちで、三二年一月、満鉄調査課を主体に作られたのが経済調査会で、この組織化の中枢にいたのが宮崎だった。当時満鉄理事だった十河信二を委員長に、宮崎が事実上の事務局長となって結成された経済調査会は、関東軍の要請に応えて満洲国の経済政策づくりを実現するための立案に邁進した。

そのポイントとなったものは、宮崎が三二年六月に立案した「満洲経済統制策」であった。この案は、無秩序な資本主義システムが恐慌を生み出したという現実から出発し、満洲経済建設に関しては、統制の必要性を強調した。ただしその統制の方法は、ソ連のように国営企業一色で行うのではなく、そうした国営分野と並んで私企業を法的に規制する形で統制を実施する分野、自由競争に委ねる分野を分けるべきだとしたのである。

産業分野を分けて統制方法を違えるべきだとする宮崎のアイデアは、さらに三三年三月に彼が執筆した「満洲国経済建設綱要」となって要約される。いわば、これがスタート台になって満洲の経済統制は開始されるが、宮崎自身は、その後の満洲国での進展にタッチすることなく三三年五月、住み慣れた満洲をあとにして東京へと転勤する。表向きは満鉄経済調査会東京駐在員を命ず、であって、具体的内容は秘密に伏されていた。

しかし満鉄副総裁八田嘉明《はったよしあき》宛の関東軍参謀長小磯国昭《こいそくにあき》の電文「満鉄社員宮崎正義の東京駐在の件」によれば、「関東軍嘱託たる貴社経済調査会宮崎正義を東京に在勤せしめ日満経済ブロックに於ける経済統制方策の研究立案を委嘱致したきに就ては貴社に於て右目的のため適当なる機関を東京に設けられます様御取計相成候わば最好都合に存じ此候及御依頼候也」(遼寧省檔案館蔵)となっており、宮崎上京の真の目的は日満経済ブロック実現に向けた統制方策の作成にあったことがわかる。

日満財政経済研究会の発足

宮崎は東京に転勤すると、日満ブロック下での統制方策立案のための研究組織づくりに着手する。宮崎に先行して日本に帰還していた石原莞爾はむろんのこととして、永田鉄山、板垣征四郎、秋永月三《あきながつきぞう》、横山勇といった経済統制に強い関心を持つ参謀たちや東京帝国大学経済学部教授で、学部長でもあった土方成美《ひじかたせいび》などが宮崎の主催する研究会に集まりはじめた。

この研究会が本格的稼動を開始するのは一九三五年以降、つまり、石原莞爾が仙台の歩兵第四連隊長から参謀本部作戦課長に就任し、東京に出てきてからであった。

作戦課長に就任した直後、石原は軍の機密を知り愕然《がくぜん》とする。ソ満国境での両国の兵力差は拡大するばかりであった。一九二八年以降ソ連が推進した五ヵ年計画の結果、ソ連の重工業は躍進目覚ましく、ソ連軍はそれに支えられて航空兵力や機甲師団を軸に急速に軍備を近代化していた。満洲事変当時、ソ満国境の師団兵力比は二対一だったのが、三五年には約三対一にまで拡大し、軍近代化の象徴である航空機では約四対一、戦車数では約六対一にまで拡大していたのである。

そこで石原は宮崎に、日本の国力調査と、対ソそして対米戦争に向けた生産力拡充計画の立案を行う機関の設立を依頼したのである。石原の要請した課題は、それまで宮崎が追求してきたそれとほとんど変わりはなかった。宮崎は三五年秋、石原を通じて参謀本部から一〇万円、満鉄から一〇万円の都合二〇万円の資金援助を得て、東京に新たに日満財政経済研究会を組織したのである。当初は、日本橋の野村證券ビルの最上階に事務所を構えたが、軍人の出入りが頻繁で目立ったため、やがて六本木の二階屋の民家に移転した。

日満財政経済研究会を事実上運営した中心人物は、宮崎と、東京帝国大学経済学部助手で、土方成美の紹介で同研究会に移った古賀英正《こがひでまさ》（後の直木賞作家、南條範夫）であった。同研究会は石原莞爾の私的調査機関ではあったが、参謀本部の全面的バックアップを受けて、日満あげての生産力拡充計画の立案に着手したのである。

軍事経済大国を目指す野心的計画書

日満財政経済研究会の活動を知るためのコンパクトな資料として、宮崎が執筆した「日満財政経済研究会業務報告書」（『現代史資料』8「日中戦争（一）」）がある。これは三八年一月に書かれたもので、三六年一月から三七年一二月までの、この研究会がもっとも活発に活動した約二年間の動きが記録されている。

それによれば、同会の中心的課題は、宮崎が中心的に推し進めていた生産力拡充五ヵ年計画であった。これは、三七年以降向こう五年間に日本の生産力を倍増させ、日本を強大な軍事経済大国に育て上げようという野心的な計画だった。きたるべき世界最終戦争に備えるという意味では、石原の夢を実現させるものであり、それゆえに彼は宮崎とともにその推進に政治生命を賭《か》けたのである。

「とにかく毎日が戦場のように忙しかった。徹夜をして立案書を作成するなんていうことはしょっちゅうだった」とはスタッフだった古賀英正の弁である。「東大経済学部の助手の給料が当時六〇円だった。やめて日満（財政経済研究会）に就職したら給与が二倍以上になった。給与が二〇〇円というと当時の東大助教授クラスだったね。とにかく給与はよかった」とも語っている。多忙だったが、その分給与が破格だったのだ。

ともかく突貫作業を続けること約半年、宮崎たちは三六年八月に「昭和十二年度以降五年間帝国歳入及歳出計画（付、緊急実施国策大綱）」を完成させている。「歳入及歳出計画」というタイトルから判断すると、一見、財政予算書のように見えるが、五年間の歳入と歳出を予測した上での日本の国家改造計画書だった。そのポイントは、いかに効率よく国家予算を重工業に投入し得るかというものであり、そのための「緊急実施国策大綱」では、行政機構の抜本的改革（いわゆる行革）、陸海軍の協調、輸出産業の拡大・発展、産業別統制政策の実現を謳っていた。

具体的には、行政機構の抜本的改革では、「現行内閣制度を廃止し国務院を以て行政府」とし、その国務院には総務庁が直属し企画局、予算局、考査局、公報局、資源局が設置され計画および考査を担当する。そして「国務院は国務総理大臣外四名の国務大臣を以て組織」され、産業統制省・組合省・貿易省・金融省・航空省・社会省が新たに設置され、そこの「各省長官は国務大臣の命を承け省務を掌理す」る中央集権体制を作るのである。これら新設各省は、社会省が厚生省という名称で東條内閣の下で実現したのを除けば、他は結局、実現しなかった。しかし、この中央集権的なシステムは、まず満洲国の統治機構のなかに典型的なかたちで実現され、その名も同じ総務庁が絶大な権限をもって行政の中枢機構となった。

陸海軍の協調では、ともすれば予算の取り合いとなる陸海軍間の抗争を避け「国防費の最も厳粛なる徹底的合理的目的使用」がなされなければならないとした。大綱の三番めの、輸出産業の拡大・発展というのは、軍需産業を発展させるには、それを輸出産業として育てる必要がある、という点だった。

最後の産業別統制政策の実現というのは、官僚・軍部・民間企業は一致協力して強力な軍事経済体制を作らなければならないが、具体的には産業の重要度に応じて国営形態（電力・航空機・兵器産業）、特殊大合同形態（石油・石炭・鉄鋼・自動車・化学）、企業組合組織（政府による行政指導）に分け監督助成を実施せねばならない、としたのである。

そして最後にこうした課題をやり遂げるためには「少くとも十年間の平和を必要」とし、その間、大規模な戦争を実施することは、国力の消耗《しょうもう》と上記の体制づくりが遅れるため避けねばならないとしたのである。

満洲産業開発五ヵ年計画の立案

　宮崎たちは、この案をベースに、さらに計画案の具体化を推し進めると同時に、この案を政財界の主だったメンバーに見せて説明し、これを国策レベルにまで押し上げる努力を開始する。当時、宮崎たちが協力を期待した政財界の面々は、政界では近衛文麿《このえふみまろ》、財界では三井合名の池田成彬《しげあき》、三菱銀行の斯波孝四郎《しばこうしろう》、住友の小倉正恒《おぐらまさつね》、興銀総裁の結城豊太《ゆうきとよた》郎《ろう》、日産の鮎川義介《あゆかわよしすけ》、鐘紡の津田信吾、軍関係では林銑十郎、板垣征四郎ら、そして満鉄総裁の松岡洋右らであった。宮崎たちの政財界説得は熾烈《しれつ》を極めた。片倉衷《ただし》の回想によれば鮎川への説得は夜半一時まで及んだという。

　宮崎たちの計画も次々と作成される。「昭和十二年度以降五年間帝国歳入及歳出計画（付、緊急実施国策大綱）」が作成されたのが三六年八月。その一ヵ月後の九月には、そのうち満洲部分のみを分離した「満洲に於ける軍需産業建設拡充計画」を立案し、陸軍省、参謀本部の要員に説明すると同時に、満洲へと渡り、関東軍参謀長と満鉄総裁にその内容を説明している。さらにはその二ヵ月後の一一月には、その日本分に該当する計画を立案、「帝国軍需工業拡充計画」の名で発表している。これと前後して三六年一〇月には、満洲の鞍山《あんざん》に近い湯崗子温泉で関東軍、満洲国、満鉄関係者が集まり、先の「満洲に於ける軍需産業建設拡充計画」をベースにした五ヵ年計画案を持ち寄り、満洲での最終案を決定した。そして一九三七年一月、関東軍司令部の手で決定された「満洲産業開発五ヵ年計画綱要」が満洲国政府に渡され、これが国策として実施されていくこととなったのである。その計画案の概要は図表9に示したとおりである。三七年以降四一年までの五ヵ年間に、二五・八億円弱の資金を使用して鉱工業部門の大々的な増産を図るというものであった。

二五億円というと当時の日本の年間国家予算に匹敵する金額である。そのなかで特に資金額二五・八億円弱の半分の約五四%に当たる一三・九億円強が鉱工業部門、とりわけ鉄鋼、石炭、人造石油部門に集中的に投下され、以下交通通信部門に三〇%に該当する七・七億円が、移民部門に一一%に当たる二・七億円が、農畜産部門に五・五%に該当する一・四億円が投下される計画だった。鉱工業部門の優位性が明確だろう。また移民部門にも総額の一割を超える資金が投下される予定だった。鉱工業部門のうち銑鉄は八五万トンから二三五万トンへ二・八倍弱、鋼材は四〇万トンから一五〇万トンへと三・八倍弱、鉄鉱石は富鉱《ふこう》七一万トンから一五九万トンへ二・二倍、石炭は一一七〇万トンから二七一六万トンへ二・三倍の増産を図ることが計画されていた。

ひるがえって、国内では三七年一月に広田弘毅《こうき》内閣がいわゆる「腹切り問答」（政友会の浜田国松の軍部批判演説の責任をめぐり「腹を切るか否か」で軍と政党が対立）で総辞職した後を受けて、石原らは五ヵ年計画実施内閣の実現に努力し、日満財政経済研究会の試案に好意的

産業部門		計画当初能力	当初計画目標	修正計画目標
鉄鋼部門	銑鉄	850千トン	2,350千トン	4,350千トン
	鋼塊	580	2,000	3,550
	鋼材	400	1,500	1,700
	鉄鉱石（富鉱）	709	1,590	2,990
	鉄鉱石（貧鉱）	1,768	6,150	13,000
石炭		11,700	27,160	31,110
酒精		15,080トン	56,690トン	56,690トン
アルミニウム		4,000	20,000	30,000
マグネシウム		—	500	3,000
鉛		1,220	12,400	29,000
亜鉛		1,643	6,600	50,000
銅		—	—	3,000
塩		334千トン	974千トン	1,402千トン
ソーダ灰		12	72	72
硫安		202	—	452
人造石油	石炭液化	—	800	1,770
	頁岩油	—	800	650
電力	水力	—千kW	590千kW	1,240千kW
	火力	554	814	1,330

部門	当初計画資金額	修正計画資金額
鉱工業部門所要資金総額	1,391,071千円	3,800,000千円
農畜産部門所要資金総額	142,927	140,000
交通通信部門所要資金総額	770,677	640,000
移民部門所要資金総額	274,000	220,000
五ヵ年計画所要資金総額	2,578,675	4,800,000

注：東北物資調節委員会研究組『東北経済小叢書　資源及産業』（下）（1971年），62頁，第10表および満鉄調査部『満洲経済年報』（1938年度版），92～94頁，『満洲国経済建設ニ関スル資料』総編45頁以下より作成

図表9　満洲産業開発五ヵ年計画表

で、満洲事変時に朝鮮軍を越境させて関東軍を支援した林銑十郎を首相に、林内閣の実現に向けて奔走した。

石原らが考えていた原案は、組閣参謀を興中公司から転じた十河信二に託し、陸相に板垣征四郎をもってきて陸軍の中国での暴走を抑え、海相に末次信正《すえつぐのぶまさ》を、蔵相に池田成彬を、商相に津田信吾を擁して五ヵ年計画を推進しようというものだった。ところが、実際に組閣に入ってみると、池田は固辞して、その代わりに結城豊太郎が推薦され、板垣に代わって中村孝太郎が陸相になった。結城は三六年暮れに近衛に「実現には相当困難を伴うも実行せざるべからざるか」という手紙を送り、五ヵ年計画に賛成しているメンバーだから問題ないにしても、中村では軍部の独走は抑えられない。当然組閣参謀の十河は中村陸相案には反対したが、林は聞き入れず、板垣陸相は実現しなかった。

この誤算が、後の日中戦争の拡大過程で、それに反対した石原らの命取りになるのだが、この時期は危惧こそあれ、そうした事態はだれもが予想できなかった。もっとも、その後の行動を見れば、板垣が陸相になれば日中戦争期の陸軍の中国での暴走が抑えられたかどうかは疑問であった。こうした波乱を含みつつ林内閣は三七年二月スタートした。日中戦争勃発半年前のことだった。二月以降宮崎らは五月に「日満軍需工業拡充計画」「重要産業五ヵ年計画要綱」を、六月には「重要産業五ヵ年計画要綱実施ニ関スル政策大綱案」「重要産業五ヵ年計画要綱説明資料」をやつぎばやに作成、陸軍省案として「重要産業五ヵ年計画要綱」を作成した。満洲では「満洲産業開発五ヵ年計画」が、日本では「重要産業五ヵ年計画」が準備されたのである。

日中戦争の勃発と計画の変更

計画は順調に進んだかに見えた。しかし七月に勃発した日中の衝突は、またたくまに日中全面戦争に拡大すると、宮崎たちのプランの前途には暗雲が漂いはじめた。なぜなら、「案の基礎条件として少くも十年間の平和を必要と認めたり」（『現代史資料8「日中戦争（一）」』）と石原が述べたように、日満の五ヵ年計画成功の前提は、向こう一〇年間大規模な戦争は避けるということだった。しかし現実には、三七年七月の日中衝突は、石原たちの努力も空《むな》しく日中全面戦争となり、短期に終了させるという努力は水泡《すいほう》に帰して長期持久戦の様相を呈しはじめたのである。三八年五月には徐州をめぐり、一〇月には武漢をめぐり大規模な作戦が展開されたが、双方決着がつかぬまま戦線は膠着化《こうちゃくか》した。

戦線の拡大で、宮崎らが作成した「重要産業五ヵ年計画」「満洲産業開発五ヵ年計画」は大きな影響を受けた。平和を前提とした国力増強計画は後方に追いやられ、当面の戦時における物資調達が重要課題として前面に登場した。名称も「重要産業五ヵ年計画」は「生産力拡充計画」へ、「満洲産業開発五ヵ年計画」は「修正五ヵ年計画」と変更され、一〇月、資源局と企画庁が合体して作られた企画院が立案する物資動員計画の下で物資調達の一環として計画が推進された。

日中戦争の長期化の兆《きざ》しが見えるなかで、満洲産業開発五ヵ年計画は大幅に修正された。前掲（一七三頁）の表を再度見てほしい。修正計画の概要を見れば、資金面では、当初の計画総額二五億円から四八億円へと約二倍に増加した。なかでも、農業、交通、通信部門は、当初案と大差はないが、鉱工業部門のみが、資金三八億円と当初案の三倍弱に増加したことである。さらにその中心をなす鉄鋼部門をみれば、鋼材をのぞく銑鉄、鋼塊、鉄鉱石の大幅な増産が計画された。それと同時に生産量では軽金属、硫安《りゅうあん》、人造石油、電力等の部門で軒並み大幅な生産力拡充目標が設定された。鉄鋼業を例にとれば、最終製品である鋼材は据え置かれたものの、原料や中間財の増産が図られたのである。

日満一体化は、日本産業への原料・中間財供給基地としての性格を強めながら進められた。それは計画が修正されると同時に、銑鉄、鋼塊、石炭、揮発油、重油などの中間財や原料の対日供給量が設定され義務付けられたなかにも表れていた。満洲そのものを重工業化するよりは日本経済の一部に組み込む構想が、いっそう進行したのである。

満鉄改組と日産

満洲国でのこの計画の推進者は、満洲国官僚の星野直樹や岸信介《のぶすけ》だった。問題はこれを実施する満洲国側の推進主体をどこに置くかである。満鉄がもっとも適切なように見えるが、交通と鉱山・炭鉱に附属地を抱え、明治以来の老舗としてあたかも小国家然としたこの巨大な会社は、関東軍も扱いにくい対象であった。したがって関東軍は、かねてから密かに満鉄の改組と満洲国の指揮監督下で重工業政策を推進し得る日本企業の満洲誘致を計画していた。

事実、関東軍は、五ヵ年計画が固まりはじめた一九三六年一〇月、日本の主だった企業家を満洲の視察旅行に招待していた。招待されたのは、日産の鮎川義介、日本窒素の野口遵《したがう》、川崎汽船の松方幸次郎、鐘紡の津田信吾、三井物産の安川雄之助、昭和電工の森矗《のぶ》昶《てる》、東京瓦斯《ガス》の井坂孝で、井坂を除く企業家が満洲の地を踏み、満洲産業の実態をつぶさに観察した。彼らの中で、満鉄に代わって満洲重工業を指揮する企業として白羽の矢が立てられたのは、日産の鮎川義介だった。

日産の歴史は、明治期に北九州の戸畑《とばた》に鮎川が設立した戸畑鋳物株式会社にその端を発する。以降、鮎川は第一次大戦の好景気に乗って業績を伸ばし、義弟の経営する久原《くはら》鉱業

星野直樹

岸信介

を立て直し、赤字会社の更生を通じて事業を拡大、二八年その名も日本産業（日産）と改称した。しかし、三〇年代前半の軍事景気で維持された鮎川の事業拡張も、三〇年代後半に入ると陰りを見せはじめた。結城財政下の増税措置で、子会社への所得税課税と親会社への取得配当金課税の二重課税措置の結果、株式公開によるプレミアム稼ぎのうまみを喪失、配当率も低下するなかで、日産は経営不振に追い込まれたのである。

他方、満洲国はといえば、小国家然とした満鉄を新国家たる満洲国内へ取り込むことは、必至の課題だった。この問題は満洲事変後から経済調査会内では検討されていたが、一九三三年一〇月、関東軍特務部の沼田多稼蔵《たかぞう》中佐が新聞に発表したことで、事はいっきょに表面化した。同年一二月、満鉄社員の反対を押し切って関東軍と満鉄の合意で満鉄の附属事業の満洲法人化、満鉄の日本国法人の持株会社化が決定される。しかしこの方針は、拓務、大蔵、外務三省の反対にあう。これに対し関東軍・陸軍省は、三四年九月、拓務、外務の対満発言権を事実上剝奪《はくだつ》する在満統治機構統一案を確定、満鉄改組を進めることとなる。

一方に経営不振のなかで満洲国に活路を見出さんとする日産があり、他方に満鉄に代わる重工業関連附属事業の経営主体を探していた関東軍がある。この両者を具体的に結び付けるのに先鞭《せんべん》を付けたのは、満洲国官僚で総務庁長官の星野直樹であり、それを実現させ

鮎川義介

東條英機

たのは、同じ総務庁で次長だった岸信介だった。岸は極秘で日満をひんぱんに行き来して折衝を繰り返し、日産の満洲移駐を完成させたのである。

当時満洲の実力者を表す「二キ三スケ」という言葉が流行《はや》った。「二キ」とは時の関東軍司令官の東條英機と満洲国総務庁長官の星野直樹、「三スケ」とは満鉄総裁の松岡洋右、日産社長の鮎川義介に満洲国総務庁次長の岸信介である。このなかで松岡と岸は叔父甥の関係で、松岡、岸と鮎川は遠縁に当たる。三人とも同じ山口出身である。簡単にいえば、岸を仲介に松岡の満鉄を鮎川の日産が買うという話である。裏で相当忌憚《きたん》のない話し合いが行われたことは想像に難くない。松岡は、事情を知らされぬまま、満鉄改組の話を聞かされ激怒したといわれているが、真相は定かではない。

満洲重工業

一九三七年一二月、満洲重工業開発株式会社、通称満業が設立された。資本金四億五〇〇〇万円、満洲国と日産の折半出資だった。満業傘下には鉄鋼業の昭和製鋼所、自動車組み立ての同和自動車と満洲自動車製造、飛行機組み立ての満洲飛行機製造、石炭部門の満洲炭鉱、アルミニウム、マグネシウム製造の満洲軽金属製造、非鉄金属の開発を担当した満洲鉱山が含まれていた。満業は、満洲産業開発五ヵ年計画を推進する主要企業を網羅し、これらを統合する投資会社として設立された。

しかし、満業は当初、アメリカからの資金と技術の導入を前提に始められたが、渡米した鮎川を待っていたのは厳しいアメリカの対日姿勢だった。すでに日中戦争も拡大の方向を示しており、アメリカの資金・技術援助は期待できない情況だった。日独伊三国同盟の相手国であるドイツからも、三九年勃発した独ポ戦を契機に、経済交流は途絶の方向をたどった。満業自体も国営企業的体質を払拭《ふっしょく》できず、会社重役間の融和もなく、関東軍や満洲国政府の干渉もあって(『満洲国の終焉』)、「機構、人事のすべてが砂上につくられた巨大な楼閣」(『高碕達之助』上)で、経営が好転しないままに展望を失った鮎川は、その事業を高碕達之助に譲って退いた。

高碕は、経営の合理化に努力し、昭和製鋼所、本渓湖媒鉄公司《ほんけいこばいてつコンス》、東辺道開発三社を合併して満洲製鉄を設立して満業の傘下に入れたり、満洲の全炭坑を配下におさめた満炭の分割を強行したり、さまざまな対応策を企図したが、採算を無視し工場の疎開を強行するなどの軍の指令と重なって、経営は悪化の一途をたどった。手を焼いたのは満炭理事長をしていた河本大作である。彼は張作霖爆殺事件を起こして予備役に編入されたあと、満鉄理事を経て三六年から四〇年までは満炭の理事長を務めていた。河本は、「文字通り親分肌であり、彼が視察をする時などは、酒肴《しゅこう》をふんだんに携え、従業員にふるまって、彼らを喜ばし、その上こまかいことは一切いわず、何事も国家のためだというわけで、算盤《そろばん》勘定などにふれないのだから、これはすこぶる評判がよい」(『満洲国の終焉』)。だから彼を首にするのは、従業員の反対もあって大事《おおごと》だった。しかし高碕はこれを強行している。

見果てぬ夢に終わった自動車生産

満洲では一九三四年に自動車の組立・製造を目的に同和自動車が設立され活動を開始していた。三七年に満洲重工業開発株式会社(満業)が設立されると総裁の鮎川義介は、かつてアメリカで生活した経験があり、満洲視察のなかで、雄大なこの地の有望産業は自動車生産だという確信を抱いており、早速その傘下に同和自動車を取り込むとともに、三九年には新たに満洲自動車製造株式会社を設立し、同和自動車を吸収して、自動車生産を開始した。

しかし現実には、当初予定したようには生産が進行しなかった。先発組の同和自動車は、創立以降自動車の生産と販売に取り組んだが、販売台数こそ三六年現在で七三五台を数えたものの、車体製造はまったく振るわず、わずかに六〇台で、その内容もバスが四一台、トラックが一九台だけだった。わずかに気を吐いたのは部品販売と修理サービスだけというさびしさだった(『営業報告書』一九三六年)。これを引き継いだ満洲自動車製造も似たりよったりで、設立二年目の四〇年にはアメリカから自動車を輸入し性能試験を実施する段階であった（『第四回営業報告書』一九四〇年）。四一年にはその実験結果をもとに基幹工員を募集し、その養成を開始し（『第五回営業報告書』一九四一年）、同和自動車を実質的に統合し、生産準備にかかるが、経費高騰により経営は困難になっていったという（『第八回営業報告書』一九四二年）。結局は、敗戦まで準備段階に終わったのである。

太平洋戦争下の満洲産業

一九四一年一二月太平洋戦争の勃発と同時に満洲の工業化はさらに新しい段階を迎える。それは一九四二年以降「第二次満洲産業開発五ヵ年計画」がスタートしたからである。この段階になると、一つに計画は重点主義へと移行し、船舶、鉄鋼、石炭、電気、人造石油、重要機械、アルミニウム、非鉄金属の増産を最重点とすること、二つにはそれを実現するために、現有施設の最大限の利用と日本国内からの遊休施設の満洲移転が計画された。

そのために、満炭の解体と再編が重要課題となった。朝鮮国境に近い密山《みつさん》炭鉱の満炭からの分離と日本製鉄への移譲が、その契機となった。これを機会に密山炭鉱は満業を離れ、日鉄の一環として朝鮮鉄鋼業への強粘結炭供給炭鉱へと変わっていった。こうして満

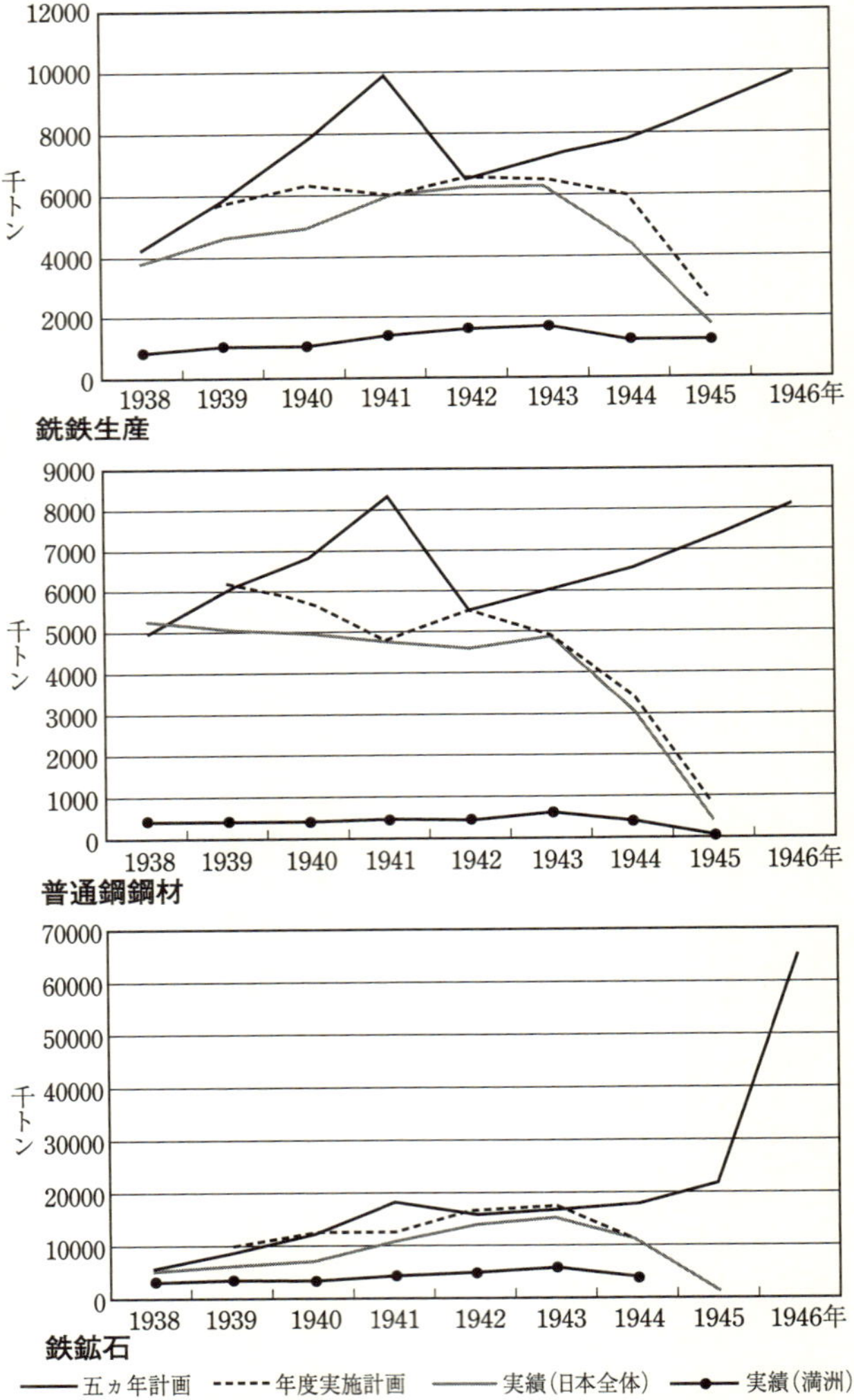

注：拙著『増補版「大東亜共栄圏」の形成と崩壊』御茶の水書房，2006年，344〜345頁，511〜512頁より作成

図表10　満洲産業開発五ヵ年計画と実績

洲産業は、四二年一二月の「満洲国基本国策大綱」における一業一社主義原則の破棄声明として一般化された。

満洲産業開発五ヵ年計画の結果がいかなるものであったかを見てみよう。まずは当初の実績をあげられぬままに満洲産業はその生産を急速に減じていったのである。図表10に明らかなように、五ヵ年計画の達成率の低さはそれを如実に物語ろう。とりわけ、普通鋼鋼材においてそれが著しい。また、一九四三年以降の生産の落ち込みが顕著であった。

いま一つは、こうしたなかで土着資本が厳しい状況に追い込まれていったことである。主要な産業部門、例えば機械部門などでは、日満の資本構成比は九二七対七三と日本企業が独占しその支配権を強めていた。しかし他方で、軽工業部門の紡績や食料品といった部門ではそれぞれ七七二対二二八、五二五対四七五で、中国系企業が高い比率を占めており、この間の工業化の進展のなかで土着資本はそれなりの伸びを示してきていることがわかるのである（『増補版「大東亜共栄圏」の形成と崩壊』）。

2　満洲農業移民計画

満蒙開拓移民をめぐる論議

では「満洲産業開発五ヵ年計画」と並ぶ満蒙開拓移民問題に考察の目を向けてみよう。

満洲農業移民が本格化する一九三〇年代初頭までは、「満洲農業移民不可能論」が一般的な常識であった。一九一四年の満洲除隊兵の満鉄沿線地域への移民導入の失敗や、二四年の関東州愛川村の設立の失敗などが、その有力な証明となっていた。

これを理論的に整理したのが矢内原忠雄《やないはらただお》だった。彼は、『満洲問題』（一九三四年）のなかで、満洲移民問題を取り上げ、満洲農業移民の成否の鍵は「経済的条件」いかんにあるとした。彼は、「自給自足的経営」を行えば、満洲移民は成功すると主張する「満洲農業移民可能論」に対して、「農家は自給自足的であり得ると言っても、貨幣経済を無視して一切の商品に就き自給自足の原則を固執する如きは勿論不可能である」と述べ、貨幣経済を前提とした場合、生活水準が高い日本人農業移民が生産する農産物の生産価格は、それより相対的に低い在満中国人農民のそれと市場で競争することはできない、したがって、高度の技術と膨大な資本投下なくして、満洲農業移民を実施しても成功しない、と論じ、「不可能論」を展開したのである。矢内原の「満洲農業移民不可能論」は、満洲事変以降、満洲移民を計画した民間団体が全国で八四件に上った（『満洲開拓史』）という当時の満蒙開拓推進の熱っぽい雰囲気のなかで、冷静に客観的に事実を見つめていたということができよう。

これに対して「満洲農業移民可能論」を展開したのは、農本主義者加藤完治や那須皓《なすしろし》、橋本伝左衛門らの農学者たちや関東軍や拓務省のブレインたちだった。那須は、矢内原の主張とは異なり、中国人苦力と比較した場合には、たしかに日本人移民の生活水準は相対的に高いが、在満中国人自作農と比較した場合には遜色《そんしょく》はない、問題は経営の規模、様式、管理能力いかんにあると主張し、橋本とともに、三二年一月に開催された「関東軍統治部産業諮問委員会」で積極的に「満洲農業移民可能論」を展開していった。この委員会で彼らは従来の満洲農業移民失敗の経験を総括し、これまで在満日本人農業移民がわずか七四〇戸しか存在せず、「非常な不振な状況」に陥った基本的原因は「支那の官憲の圧迫」があり「商租権（土地所有権）が確立して居」らず「馬賊が横行」し「国家も応援して呉れ」ず、開拓者側でも「移植民としての訓練」がたらず「金融と云う様なことに就て割合に考えてやらなかった」ことにあるとしたのである（『関東軍統治部産業諮問委員会議事速記録』

第四回)。

当時の満蒙熱の盛り上がりは、矢内原らの理性的判断を超えて推し進められることとなる。

満洲農業移民政策の立案

関東軍や拓務省による試験的な満洲移民政策案が登場した一九三二年から、それが本格的な移民案に拡大する三七年までの過程を、ごく簡単にたどっておくこととしよう。

一九三二年九月に関東軍特務部が中心になって「満洲に於ける移民に関する要綱案」が作成され、これと並行して加藤、那須、橋本らは拓務省と連携して「満蒙殖民事業計画書」を作成し、これを三二年の臨時議会で承認させ、試験移民を推進した。したがって、前述した「満洲産業開発五ヵ年計画」とはいくぶん異なり、移民政策の場合は、試験移民とはいえ、当初は加藤、那須、橋本らの移民積極論者と関東軍、拓務省が先行して計画を進めたのである。

ところが、この計画は、前述した三四年三月に起きた土龍山事件により、頓挫を余儀なくされる。試験時期ではあったが、満洲移民計画の立て直しのために「第一回移民会議」が三四年一一月に開催された。この移民会議で満蒙移民問題が多面的角度から再検討され

（単位：円）

	初年度	第二年度	第三年度	第四年度	第五年度	第六年度
関東軍案						
収入	316.84	259.34	499.44	638.17	683.17	809.20
支出	554.60	557.40	573.12	586.34	597.88	600.15
損益	△237.76	△298.06	△73.68	51.83	85.29	209.05
拓務省案						
収入	342.84	295.34	504.83	633.53	693.33	813.28
支出	571.28	501.93	482.74	513.95	532.95	554.95
損益	△228.44	△206.59	22.09	119.58	160.38	258.33

注：満鉄経済調査会『満洲農業移民方策（2—1—7）』（1936年），284頁以下，および308頁以下より作成

図表11　農家経営標準案収支予測

たが、とりわけ農業経営問題が論議された。

では、この一連の会議で那須や橋本らは「満洲農業移民可能論」をどのように理論付けたのであろうか。関東軍、拓務省のブレインの那須、橋本らは経済調査会と共同して三五年三月と一〇月に「農業経営標準案」を作成しているが、そのなかに彼らの可能論の根拠が表されている（図表11参照）。両案ともに、入植二年から三年のうちに赤字を解消し、以後は黒字が増加し、土地の分譲、営農などで満洲拓植会社から借りた営農資金の返済を可能にし、あわせて余剰もだす、つまり経営は安定すると予測している。

彼らには二〇町歩の土地（水田二町歩、畑八町歩、放牧採草地九町歩、その他一町歩）が与えられ、これを夫婦と子供と一ないし二名の年

雇で耕作し、子供の成長をまって家族労働に切り替え、役畜《えきちく》を駆使して農牧混同農業を実施する。当座の労働力不足は「共同経営」で、生活費の増加は産業組合または協同組合による生活物資の製造で切り詰め、「自給自足」を貫徹する、これが彼らの描いた可能論の青写真だった。

しかしこの案にはいくつかの大きな問題点が残されていた。一つは農業技術に関する検討がなかったことである。農業機械を導入した北海道農法などが検討された気配はない。在来農法で額に汗して労働するという精神主義では、矢内原のいう現地との対抗が即問題になるのである。いま一つは、家計支出を一定と考えている点である。在来農法を採用するかぎり耕地面積の拡大は、即雇用労働の増加、労賃部分の拡大、現金支出の増加につながり、収支バランスを崩し、「自給自足」の崩壊を生み出すこととなるのである。

試験移民期の入植地と鉄道

試験移民期と称された一九三二年から三六年までに、三江省樺川《かせん》に入植した第一次の弥《いや》栄《さか》村移民団から第五次までの募集地域、入植戸数、作付予定面積、入植地から鉄道までの距離を示しておこう（図表12参照）。

当初、三二年一〇月入植した第一次移民団から第三次移民団までは三江省に入植する予

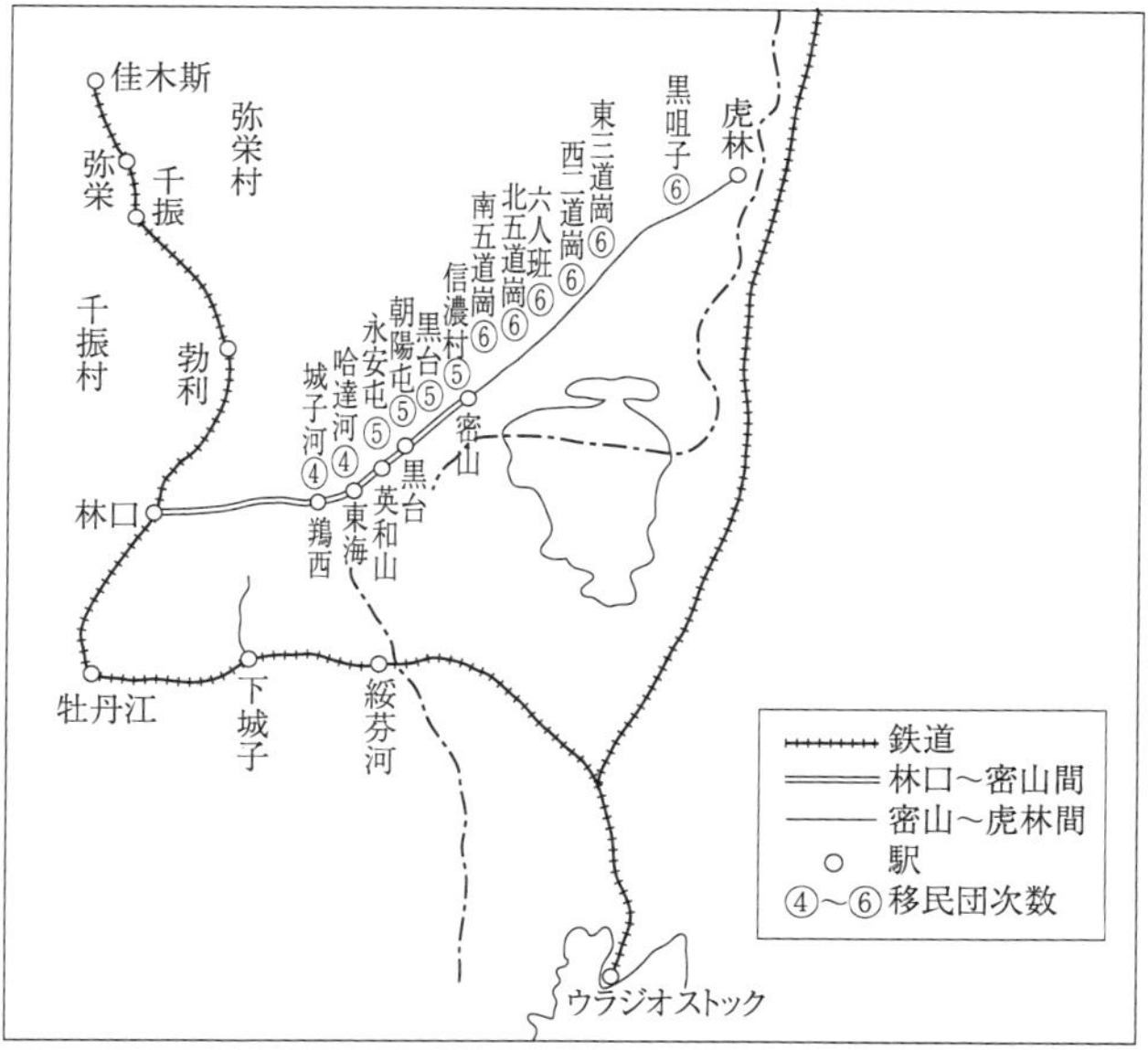

	入植時期年月	団名	入植地		移民団出身地	入植数		鉄道からの距離		
			省	県		予定	実数	最大	平均	最小
第1次移民団	1932.10.	弥栄	三江	樺川	東北(6) 関東(3) 中部(2)	500	293	—	0.5	—
第2次移民団	1933.5.	千振	三江	樺川	東北(6) 関東(5) 中部(6) 九州(3)	500	346	—	5.0	—
第3次移民団	1934.9.	瑞穂	北安	綏稜	東北(3) 中部(4) 中国(4) 四国(1)	300	203	—	35.0	—
第4次移民団	1935.6.	城子河外1	東安	密山	全国(59)	250	215	6.0	4.0	2.0
第5次移民団	1936.7.	永安		密山	東北(7) 関東(7) 中部(8) 近畿(5) 中国(1) 四国(1) 九州(6)	275	260	4.0	2.3	0.5

注：満州移民史研究会『日本帝国主義下の満州移民』龍渓書舎，1976年，415頁

図表12　移民団入植状況

定だった。しかし、第三次移民団は、当初は第一次移民団（以下弥栄と省略）と第二次移民団（千振《ちぶり》と省略）の中間点に入植する予定だったが、前述した「土龍山事件」の影響を受けて急遽、入植地が北安省綏稜《すいりょう》県《けん》へと変更されたのである。三江省が入植地に選択された理由は、ソ連との国境に近く、土地が肥沃《ひよく》で未耕地が多く、かつ事変直後から反日農民軍の活動拠点だったからである。一九三四年三月に起きた「土龍山事件」の際には四月から五月にかけて弥栄と千振が農民軍の攻撃を受けた。この結果、農作業ができず、彼らは大きな打撃を受けている。

こうした農民軍の攻撃があればこそ、移民団は鉄道沿線にしがみ付くような格好で入植していた。鉄道との距離は、第三次移民団の三五キロを例外とすれば、最大でも五キロ以内に納まっていた。移民団は鉄道防衛の拠点の役割を果たし、鉄道も移民団が農民軍に攻撃されたときの応援部隊輸送の動脈の役割を演じ、営農においても移民団に必要な物資搬出入のパイプの役割を演じたのである。したがって、鉄道敷設と移民団の入植は、相互に補完しあって展開されていた。たとえば、弥栄の場合、当初の計画では牡丹江《ぼたんこう》—勃利《ぼつり》—依《い》蘭《らん》を通る延依線は、弥栄の入植地から一日行程の場所を通過することになっていた（『満洲農業移民方策（二—二—一）』）。実際には入植地から五〇〇メートルの地点を通過した。

同様のことは弥栄だけでなく、第三次を除く第五次移民団まで該当した。ここでは林口《りんこう》から密山を通過しソ満国境の虎林《こりん》まで延びる虎林線の建設と第四次、第五次移民団の入植状況を見てみよう。林口から密山までの全長一七〇・九キロの線路は、一九三四年五月に起工し三六年六月に完成された。実は、この工事期間中および完成前後に該当する三五年六月には第四次移民団として城子《じょうし》河《が》、哈達河《はたほ》の両開拓団が同線のそれぞれ六キロ及び一キロの地点に、続いて三六年七月には第五次移民団として、永安屯、朝陽屯、黒台、黒台信濃の四団が同線の〇・五から四キロの地点に入植している。

その後、満洲移民が本格化する直前の三五年三月にこの線はソ満国境の虎林まで延長する工事が着工され、移民が本格化した三七年一一月に完成した。するとこの工事にあわせて三七年六月、第六次移民団として黒咀子、東三道崗、西二道崗、六人班、北五道崗、南五道崗の六移民団が、この密山と虎林の間の鉄道三キロから三〇キロの地点に入植したのである。この事実の中に、いかに移民村が鉄道建設及びその防衛と密接な関連を持っていたか、逆に鉄道からの物資補給や危機の際の軍の投入がいかに移民団経営に不可欠な前提であったのかの一端が理解できる。

反日攻勢による退団者の続出

試験移民期においては先遣隊が先に入植し、そこで移民村を建設し、完成をまって本隊が入植するという段取りだった。この方式は、より整備された形で本格的移民期に引き継がれる。

試験移民期に生じた問題の第一は、移民村建設に必要な技能労働者が不足していることだった。特に「試験移民期」では、治安悪化のなかで武装移民形態を採用したため、団構成員の大半は、農業出身の在郷軍人が主力を占めた。弥栄の場合、拓務省は「特殊技能殊に大工の経験ある団員を団員中に極めて僅かしか持たなかったのは本移民団の大なる損失であった」(『満洲農業移民方策(二―二―一)』)というまとめを述べるほどだった。もちろんこの点は、後に改められると同時に、また新たな問題を引き起こすこととなる。

しかし、より深刻だったのは、周辺の反日気運や反日農民軍の攻撃で退団者が続出したことだった。特に三四年三月の「土龍山事件」の影響は深刻だった。弥栄の場合には、三二年一〇月の佳木斯《ジャムス》上陸以降この事件をはさむ三五年三月までの二年五ヵ月の間に戦死者一二名、病死者八名、退団者一七七名をだし、四九二名の団員がわずか二年半にならぬ間に三一九名に激減したのである(同上書)。その理由を「永豊鎮移民視察報告」は、「退団者の表面上の理由は或は家事の都合といい、或は家庭に送金の要ありと称す。而も退団後における行動は必ずしも然らざるが如し」(同上書)と抽象的に述べているにすぎないが、満鉄経済調査会第二部作成の『拓務省第一次農業移民事業成績調査報告』は、土龍山事件が弥栄の「団の動揺、退団者の続出」(同上書)を生んだと明確に述べていた。

千振の場合には二〇〇名以上の退団者を出したが(同上書)、最大の理由は「匪襲《ひしゅう》」であった。「開墾、建設等の建設工作と戦争の破壊工作との相反する事実の目まぐるしく転換する渦中に在って、精神的にも肉体的にも動揺疲弊するが如き日常生活を繰返し、いわゆる屯墾病(ノイローゼ)に罹ったことが重大な原因」(同上書)だと述べていた。第三次移民団も入植早々に「匪襲」を受けて退団者が続出、はなはだしき場合には「現地に到着して荷物も解かないで帰った」(『瑞穂村綜合調査』)場合もあったという。

退団者の増加は、労働力不足を顕在化させ、営農経営の障害となった。在満中国人との摩擦を防ぐため「混住」を避ければ中国人の雇用が困難となり、労働力が豊富な地域に進出すれば土地問題でトラブルが多発した。弥栄の場合には「付近に満鮮人居住者少なく、雇用労働力を得ること困難にして各種の作業に支障を来し、特に北満農業に甚しき農耕上の繁忙期(播種《はしゅ》、除草、収穫)に必要なる労力を得難く、折角栽培せし作物を中途にて放棄する状況」(『満洲農業移民方策(二―二―一)』)だと述べていた。

共同経営の実態

移民団は、入植当初から共同経営を推し進めようとした。弥栄は、入植後しばらくして弥栄村共励組合を（『弥栄開拓十年誌』）、第三次移民団も綏稜開拓組合を結成し（『瑞穂村綜合調査』）、団内部の生産、流通、消費の面で共同経営方式を追求していった。しかし、この共同経営方式が円滑に行ったかといえば、むしろ多くの問題点を団にもたらした。

入植直後の団経営の基本方針をめぐって弥栄村のなかで生じた論争は、その一端を物語っている。その論争とは、入植後、農耕作業における自治独立を認めるか、それとも共同経営を堅持して、それを認めないか、であった。団を二分する激論の末、出された結論は、団員の共同作業は「農産加工其の他」にとどめ、農耕作業は、出身県レベルでの「自治独立を許容」するというものだった（『満洲農業移民方策（二―二―一）』）。移民団員の自分の土地獲得志向の強さが理解できる。

事実、移民団の農耕は、年とともに共同経営から個人経営へと移行していったのである。弥栄の場合には入植二年後には団共同経営を解消して部落共同経営へと移行し、四年目にして個人経営形態へと移行した（『弥栄開拓十年誌』）。また第三次移民団の場合には、入植二年後には団共同経営形態から郷共同経営形態に移行し、翌年区共同経営形態を経て五年目にして個人経営形態へと移行したのである（『瑞穂村綜合調査』）。このようにいずれの移民団も一定の移行期間を経て、共同経営から個人経営へと移行していった。こうして「共同経営主義」は解体していったのである。

『弥栄開拓十年誌』は、「部落全体或は組単位の経営が比較的永続しなかった原因として挙げられるべき事は多くあるのであるが、各部落毎に真に中心となるべき先導者を欠いたこと、怠惰者が少数混合している為勤勉な者が却って共同を忌避したこと、及家族招致者の増加につれて利己主義的な考えが多くなったこと」を挙げている。移民の目的が自作農たらんとする点にあったわけだから、個人経営への移行は、ある意味、当然だったといえよう。

試験移民期の開拓団の農業技術

いま一つ言及すべき問題は、彼らが採用した農業技術であった。当初の関東軍や拓務省の「経営標準案」によれば、耕馬一頭、耕牛一頭、家族労働一・五人（夫婦労働）を基幹に二名程度の常用労働者（ただし入植時のみ）をもって二〇町歩を耕作し得る、と判断していた。この「経営標準案」では農業技術に関する言及はない。しかし入植者訓練課程を見た場合、「開拓者魂」の植え付けが主題で、農業技術の修得は中心的課題ではなかった（『満洲農業移民方策（二―二―一）』）。

入植者が当初から採用した農法は、犂丈による高畦農法という満洲在来農法だった。一九三六年二月開催された「移民団長移住地状況報告」の農具に関する件によれば、弥栄の場合には「現在は在来のものを大分使ってるのだが、在来のものはいけないと言うことは解っているのであって、ただ手に入り易いから」使用しているし、第三次移民団では「北満における農業経営技術は未だ完全に樹立されていないから当分在来農法を修得することとしたい」(『移民団長移住地状況報告』)としている。他の移民団も大同小異だった。

しかし、この農法を採用すると、中耕、除草、刈取過程で能率的な蓄力改良農具の使用が困難となり、特に除草に多大な労働力が必要となり、労賃支出が増加する可能性があった。にもかかわらず、彼らが満洲在来農法を採用したのは、彼らの多くが日本の狭小な土地で労働集約的な水田耕作に従事し、「手鍬や短床犂による農耕法しか知らない」(『満鉄調査月報』二二―二)ため、「在満邦人農家は専ら満人式在来農法模倣の途に就いたのである」(同上)。先の関東軍や拓務省「経営標準案」が異口同音に強調した点が水田耕作だったことは、故《ゆえ》なきことではない。水田耕作こそが、日本人移民に抵抗なく受け入れられる技術的条件を具備していたのである。

しかし、在来農法模倣がもたらした影響は大きかった。第一に移民団は、満洲農家と真っ向から競争する関係に入ったということである。しかも「馬さえ満足に使えない開拓民が多い状況」(『満鉄調査月報』二二―一)で、満洲農家と競争することはきわめて困難であった。第二は、この農法を使うには大量の雇農と家畜の使用が前提となる。北満在来農法を成功させる条件として最低四〇晌《しょう》、理想的には七〇晌以上の耕地を一〇頭以上の役畜と多数の雇農で耕作することだという。移民団員もこの理想を追求せざるを得なかったのである。しかし、その追求は、自作農主義の否定となり、さらに労賃部分の増加は自給自足主義の否定となり、さらには移民団員間の競争を生むなかで共同経営主義の原則をも破壊していくこととなる。

本格的移民政策の立案

一九三七年から試験移民の段階を終わって本格移民を実施しはじめる。一九三六年五月、関東軍は新京で「第二回移民会議」を開催し、「満洲農業移民一〇〇万戸移住計画案」を審議した。これが、海外拓務委員会に答申され「二〇ヵ年一〇〇万戸移住計画」となり、三六年八月広田内閣は七大国策一四項目を決定するが、そのなかには満洲移民政策が盛り込まれた。

一家族五人と計算して一〇〇万戸五〇〇万人移住計画は、日本の五反未満の全農家数のほぼ半分に該当した。しかも二〇年後の満洲国の人口が五〇〇〇万人に達すると仮定すれば、その約一割を日本人農民が占めるということになる（『近代民衆の記録』6満洲移民）。もしこれが実現できたとすれば、満洲の大地は中国人のものだとはいえ、日本人もそれ相応の発言権を有し、日満混住の土地たらしめることも可能となろう。拓務省は三七年七月に第一期一〇万戸送出計画（一九三七〜四一年）を確定し、本格的移民事業を展開した。

本格的移民の展開に先立ち、一九三六年一〇月、拓務省は「北満における集団農業移民の経営標準案」を設定した。同案によれば、移民団に与えられる一戸当耕地は一〇町歩（水田一町歩、畑地九町歩）であり、入植後は四年の間にこれをすべて作付けする計画だった。畑地には自給に必要な各種作物を一定の比率で作付けし、これに牛、馬、羊の飼育を加味した農牧混同経営を展開し、農作業には家族労働一・五人（夫婦労働）を軸に、入植当初若干の雇用労働を使用するとしていた。また現金支出は、共同経営主義で最小限に抑え、経営の黒字化を待って金利支払い、満拓公社への年賦償還金返済を実施するとなっていた。

移民団に与えられる一戸当耕地面積は、試験移民期の二〇町歩と比較すると半分の一〇町歩に減少しているが、それを除けば、試験移民期の「満洲農業移民経営標準案」と大差はない。換言すれば、「試験移民期」の教訓をなんら学んでいない、ということになる。

にもかかわらず、この「北満における集団農業移民の経営標準案」は、「その後急激に開拓事業の発展と開拓団の増加するにおよんで、その幹部要員の質的低下もあり、案の真意を翫味消化するいとまもなく、本案もいつの間にか金科玉条的偶像化するにいたり、すべてこれを基準として開拓団の設計計画が立案せられ、全満一律的に標準化する傾向すら生ずるに至った」（『満洲開拓史』）という。元来、「これを基準として、その入植地に適応した具体的経営計画と営農案を作成すべき基準」（同上）だったのが、いつの間にか営農の「金科玉条的偶像」とされるに至ったのである。

さらに三九年一二月には、満洲移民政策の「最高の宝典」と称された「満洲開拓政策基本要綱」が決定された。「基本要綱」では、「未利用地開発」の考え方をとり、満洲国政府の開拓総局が中心になって移民用地の取得を行い「満蒙開拓青少年義勇軍」を活用するとしていた。日中戦争の拡大とともに軍需景気が農村にも広がり、「農村経済更生運動」と連動した満洲移民政策は後景に退き、移民団の補充が必要なとき、未来の「開拓戦士」としての青少年の重要性が浮き上がったのである。こうして、三八年から「満蒙開拓青少年義勇軍」の満洲送出が開始される。

拡大する入植地とコスト

試験移民期と本格的農業移民期の決定的な違いは、「治安の維持さるるに至れるは土龍山事件以降」（『満洲農業移民方策（二―二―一）』）と称されるような治安の平静化であった。関東軍の治安作戦の進行で、少なくとも鉄道沿線に関して治安は確保された。また土龍山事件以降は、それ以前の関東軍による大量土地買収政策をやめ、満洲国政府機関にこれを代替させ、しかも買い上げの地価を若干上げ、土地買い戻しにより土地の旧持ち主への返還をはかるなど、一定の政策の修正を実施した。

第六次から八次までの移民団を見てみよう。入植地域は、これまでの三江、東安省から吉林省などへと拡大し、鉄道沿線地域から相対的に奥地へと進出した。試験移民期の鉄道沿線数キロの地点から本格的移民期にはいり鉄道沿線二〇〜三〇キロの遠距離に入植し、第八次移民団にいたると、斉斉哈爾《チチハル》から一二〇〜一四〇キロ離れた地点(龍江省甘南地区)に入植するに至るのである。もし移民団が、自給自足主義と自作農主義を厳格に守っていれば、鉄道沿線からの距離の遠近は、地価の高低を通じて農業経営に間接的影響を与えるにとどまるであろうが、実際には鉄道を通じて資材の搬出入が行われていたわけだから、鉄道からの距離は輸送コストに跳《は》ね返っていった。

埋まらぬ定員と進まぬ農業技術

試験移民期にも退団者は見られたが、本格的移民期に入ると定員そのものが埋まらぬ状況が現出した。それは多分に日本の国内事情が反映していた。日中戦争の勃発と本格化のなかで、農村労働力の軍事工場への吸引が積極化し、そのために農村での余剰労働者数が減少し、満洲移民に割く人員が払底したのである。員数確保のため、移民団は分村、分郷形態を採用し、各地から農業移民者を集めるかたちで、満洲への移民送出を実行していった。

しかし、本格的移民期に入っても、農業技術問題は解決されなかった。たとえば一九三九年入植した第八次移民団の一つ、大八浪《だいはちろう》移民団では「本団は入植以来畑作に於ては満人農法を水田耕作に於ては鮮人技術を忠実にとり入れて居る。この事は開拓農法の確立未だしの段階にあって、止むなき事情とも云い得るも、今日の如く社会的、経済的条件が昔日と全く趣を異にした時代に於ては全く明瞭なる矛盾にさらされる」（『第八次大八浪開拓団綜合調査報告書』）と述べて「開拓農法」の確立を訴えたように、本格的移民期に入っても開拓団の農業技術は、在来農法の模倣の域を出なかったのである。

もっともこの傾向は、なにも大八浪移民団に限ったことではなく、一九四〇年代初頭に満洲全体の主な移民団の労働力雇用状況を調査した報告書でも「開拓地の農業は一般的には現在この満洲在来農業を見習っている段階であって――勿論一部には改良農法により一段高い段階に進みつつある開拓農民のあることは心強いことではあるが、其の数は支配的ではないと思われる」（『開拓村に於ける雇用労働事情調査』）と、試験移民期以降の移民団の農業技術水準を特徴づけていた。

農機具や役畜が不足してきたという意味では、試験移民期より状況は悪化しはじめていた、といってよいかもしれない。本格的移民期の初期に入植した第六次移民団の場合は、「東北及熊本（移民団―引用者）では在来農具さえ不足している。東北では犂丈が農家の六割位しか所有されず石頭棍子（石製ローラーで、播種後の鎮圧に利用するもの―同上）は一〇〇個位、足踏脱穀機は全部で一〇台で尚唐蓑が足ら」（同上書）ず、役畜の保有数もさほどの増加を見せておらず、本格的移民期に入植した移民団の場合、耕作馬にすら不足をきたす状況が生まれていた（同上書）。このように在来農具すら不足する状況では改良農具やプラウ、カルチベーター、ハロー（いずれも農業機械）などは十分ではなく、必要数の一～二割に止まっているというのが一般的状況だった（『開拓村に於ける雇傭労働事情調査』）。

農業経営難と労働力不足

移民団の営農技術水準が低位にとどまるかぎり、また在来北満農業技術を踏襲するかぎり、移民団が大量の雇農を使用せざるを得なくなるのは避けられなかった。試験移民期にすでに部分的に見られたこの現象は、本格的移民期にはいるとより拡大し、より一般化したのである。

まず移民団内での雇農の数だが、一九四〇年時点での調査によれば、第一次から第六次移民団までの平均で、自作面積一戸当五陌（約七晌前後）で、これを家族労働一・六人（夫婦）、年工〇・四五人、月工一・一人、日工二九人で耕作していた（『開拓村に於ける雇用労働事情調査』）。ほぼ同じ規模の北満中国人農家の平均労働力の家族労働六・七人、年工〇・二人（『農業経営続篇――康徳元年度農村実態調査報告書――』）と比較すると移民団は、家族労働比率が著しく低く、逆に雇用労働力依存が著しく高いことがわかる。

特に中国人農家と比較して年工の比率が高いことに注目したい。年工、月工、日工の違いは、単に雇用期間の長短だけの問題ではない。年工は、ほぼ一年間を通じて播種、除草、収穫の主力労働を担うだけでなく、冬季木材伐採、木材運搬等多方面に従事する農業労働者だった。「開拓地の農業は苦力を養っているようなものだ」（『開拓村に於ける雇用労働事情調査』）と称されたゆえんである。

しかも一九三〇年代後半に「満洲開発五ヵ年計画」が実施されると、それにともない、満洲労働事情は一変し、売り手市場となって労賃高騰状況が生まれた。農業労働者もその例外ではなく、三七年から四〇年までの三年間に日工の賃金は約四倍に高騰したのである。日工の賃金高騰が移民団の経営収支に与えた影響は、在満土着農業に与えた影響以上に深刻だった。というのは、移民団は、在満土着農家以上に雇農に依存しており、その分労賃高騰の影響は大きく、「開拓地の場合は特に原住民多き処を避けて入植する関係上雇用労働力は著しく不足し、単価は法外に高騰し」たため、これが「農業経営に甚だしき重圧を加える」結果となったからである（『満洲開拓年鑑（昭和十五年度版）』）。

経営の困難度の上昇は、彼らに脱農による農業外収入の追求と、移民団内での小作関係の形成を促進することとなる。本来、初期の段階から移民団には役場、病院、訓練所、種畜場など各種公共施設に勤務するものはいた。しかし次第に建築・土木請負業者、運搬業者など農業と無縁な「本部勤務員外有業者」が増加しはじめ、しかも彼らは移民村外に居住しはじめたのである。団本部は、警護上の理由から帰村勧告を出したが、「二、三の団員は本部の勧告にもかかわらず帰村せず、帰村せる団員と帰村せざる団員との二つの形態」が生み出された（『瑞穂村綜合調査』）。

移民団内の小作関係は、入植後、年が経てば経つほど進行していった。

北海道農法の導入と失敗

気候や風土が類似していた北海道の農法を北満に移植させるという動きは、一九三九年頃から徐々に具体化しはじめていた。一九四〇年段階に入ると北海道農法を用いた開拓農場実験場が北満各地に設立され、その普及活動が展開された（『満洲開拓史』『満洲開拓と北海道農法』）。北海道から派遣された技術優秀で満洲農業への理解が高い農家の実験結果は、自家労力をもって一戸当たり平均六町二反を耕作し、一三〇〇余円の粗収入をあげ、食糧、飼料を自給しえたことであった(『満洲開拓年鑑(昭和十六年度版)』)。

この結果は移民農家に明るい展望を与えるものだった。しかし、こうした成果は、北海道農法に習熟した農家であればこそ可能だったことで、北海道入植の新人でこれに慣れるには約二年の年月を必要としたといわれるのに、牛馬さえ十分に使いこなせない開拓民にとっては、よりいっそうの時間が必要であったであろう。農場で馬に蹴られて死亡したり、バターに醤油をかけて食し腹痛を起こすなど、予想しない事故が起きた(『北満と北海道農法』)。くわえてこの開拓農場実験場の数は全満で一八ヵ所一九一戸にすぎず(『満洲開拓史』)、プラウ、カルチベーターなども不足していた。北海道農法の普及や改良の遅れは、結局耕地面積の減少を生み出していった。一九四五年まで営農面積が判明した四つの移民団(第六次の五福堂新潟村、静岡村と第七次の大日向村、第八次の興隆川開拓団)を取り上げた場合、七~一〇町歩のラインでその拡大は停止していた(『満洲開拓史』)。北海道農法の拡大や普及がなければそれ以上の規模の耕作は不可能だった。

太平洋戦争下の満洲移民

一九四二年から四六年までの予定で「満洲開拓第二期五ヵ年計画」が実施される。この間の五年間に二二万戸を送出する計画だった。しかし国内軍需工業の拡大や成年男子の出征などで農村労働力はますます払底し、移民団は定員を満たすことができず「虫食い団」が続出した。したがって移民団の定員をこれまでの二〇〇〜三〇〇戸から五〇戸以上に縮小して定足数《ていそくすう》の充足を図る始末だった。また「未利用地開発主義」の観点からいっそう奥地に入植するにともない、輸送コストの高騰から移民団の経営はその分厳しい状況に追い込まれたのである。

この時期、満洲国政府は「開拓団法」(四〇年五月)、「開拓共同組合法」(四〇年七月)、「開拓農場法」(四一年一一月)を制定し移民団の規律と統制を強めるとともに、「開拓農場法」において家長の指揮監督下で家族主義、協同組合主義の下、土地・家屋の「永代世襲」が謳われたのである。かくして、満洲の地に日本の家族制度を根付かせて、満洲を日本の土地たらしめんとする最後の努力が傾けられた。しかし、何の国家的保護もないままに、満洲の大地に磐石《ばんじゃく》の根を下ろした漢族の移民に対抗するには、あまりに脆弱《ぜいじゃく》な手段だった。

最後に移民計画の達成実績について簡単に指摘しておこう。一九三二年から四二年までの累積実行計画移民戸数は九万八七六七戸、それに対する実績は五万六九九八戸で、達成率は五七・七%であった。もっともその中身を見ると、一般開拓団の比率は下がり、義勇軍開拓団の比率が上昇を続け、農民というよりは青少年により国策は維持されてきたのである(『近代民衆の記録』6満州移民)。

第6章　満洲に生きた人たちの生活と文化
――「五族協和」の理想と現実

プロ野球満洲リーグ開幕式（1940〈昭和15〉年7月）

1 「五族協和」の内実

まず、満洲国が謳う「五族協和」の実態に迫ってみよう。

満洲国は「五族協和」を建前に、日・朝・漢・満・蒙の協和を目指したとされるが、この民族構成も一皮むけば、少数の日本人を頂点に、圧倒的多数の漢族を底辺に作られたピラミッド支配構造で、各民族相互の交流は非常に少なかった。つまり「五族協和」とは名ばかりで、実態は五民族が住み分けていた、というのが実情に近かった。

人口構成

『満洲年鑑（昭和十五年版）』に依拠して、満洲国の一九三七年一二月末時点での民族別職業別人口構成を見てみよう。満洲国の総人口は約三六六七万人。うち最大多数の漢族が二九七三万人で全体の八一％を占めている。第二位は満族でその数は四三五万人。全体の約一二％を占める。第三位は蒙古族で、その数九八万人、全体の三％弱。そして第四位は朝鮮族の九三万人でこれまた三％弱。そして第五位が日本人で四二万人、一％強である。

次に職業別人口構成を見てみよう。やはり農林牧業に従事する人口が圧倒的多数で、二三〇四万人、六三％弱で半数以上が農林牧業に従事しており、なかでも漢族が一八四一万人で、全体の五〇％、半分を占めている。この対極にいるのが日本人で、公務員・自由業が八・三万人で、全人口に占める比率こそ一・二％だが、満洲国全体の公務員・自由業の五・八％を占めている。

つまりトップに立つ日本人は、公務員及び自由業に従事するものが最大で、逆に最大の人口比率をもつ漢族は農林牧業を筆頭に以下商業、鉱工業と続いている。中国人が、農・商を通じてがっちりと満洲の大地を食んでいることがわかるであろう。

優遇される日本人

一般的に官庁や満鉄、横浜正金銀行《よこはましょうきんぎんこう》、朝鮮銀行など、在満日本機関では在外加俸《かほう》がついたので、満洲へ行けば給与は日本国内の二倍以上になった。陸軍から司法省への要請で、満洲事変後に東京地方裁判所判事から満洲国司法官として渡満した武藤富男が、離日前に池田寅次郎大審院長（現在の最高裁長官）宅を訪問し、玄関で夫人に挨拶したとき、満洲での給与額を聞かれ「年俸六千五百円」と答えたところ、「宅の俸給と同じです」という回答が返ってきたという（『私と満州国』）。日本での判事の給与が渡満と同時に一挙に最高裁長官並の給与にアップしたのである。

しかも、建国当初は満洲国幣は銀建てで設定されていたが、一九三〇年代中盤からのアメリカの銀買い上げ政策の影響を受けて銀貨が高騰、満洲国幣も価値が急騰したため、満洲国官吏の給与は日本国内と比較して数倍になった。日満給与を調整するために一時日本人官吏の大減俸が必要になったという（『挫折した理想国』）。

また、日本人は一等国民、朝鮮人は二等国民、中国人は三等国民と差別され（『青春の地はるか』）、日本人は、さまざまな意味で優遇を受けていた。就職に関しても、官庁や政府関係機関の場合には関東軍司令官が任免権をもち、「日本内地人に限る」といった制限が設けられていたり、戦時になると物資の配給が日本人に有利になるような仕組みになっていたりで、社会構造全体が日本人優先となっていたことは否めない。

「役所の出勤は九時三十分ですが主人は何時も家を出る時が九時三十分です。日曜日は十一時迄床の中。現在一日二食ですが、主人を送り出した後の淋しさはやり切れません。食料品全部配給となり、内地同様ですが、主人の顔が広いのでお米も砂糖も味の素も野菜も少しも不自由はありません。街公所と云ふのは内地のお役所ですから威張って居ります。それで映画も無料で見られます。毎日の買出しは満人ボーイを頭〔ママ〕で使ひ、何時もパーマを掛けて居られるのは日本人だからです」

東寧の石田某なる人物が神戸に住む小路某に送った書簡だが、日本人の役人がいかに特権を振り回してあぐらをかいているかの一端がわかる一文である。

もっとも、太平洋戦争も日本の敗退のなかで統制が強まると、その影響は特権を有する日本人のなかにも広がりはじめた。四三年二月四平市《しへいし》の三輪某から山口県の岡屋某に送った一文、

「満洲の配給制度は内地よりズット生活困難であります。家族持ちでは子供の二人も居たら親達は米を喰べる事は一年中ないと言ても不足ではありません」「統制は著しく強化されて来、凡ての物資を内地に依存し生産機能に乏しき此の東満では内地での統制が波及し、より以上峻烈なものとなりて表れて居ます。繊維製品並に満洲の食糧難に於ては御想像以上のものがあります」などはその一例と考えることができよう。しかし米の配給は、日本人及び日本人以外の満洲国上層部にも配給するとなっていたから、やはり格差があったとみるべきだろう。

日本からの独立を期する朝鮮人

在満朝鮮人の位置は複雑だったといってよい。一方で日本人に次ぐ位置にありながら、他方で日本人と同等の恩典を与えられることがないポジションが在満朝鮮人の位置だったからである。以下の朝鮮人の告白は、そのことを物語る。

「当地は朝鮮人を白眼視して鮮系の奴等と呼ばれ悔やしくて涙が滲むのをどうする事も出来ません。満洲では住みたくありません。配給品も全く差別待遇です。同じ日本人でありながら優遇して呉れません。貴君も朝鮮で働いた方が得です。決して決して満洲を夢見てはなりません」

これは一九四三年九月に熱河省の安田某なる人物が何者かに送った（宛名先不明、おそらく郷里の朝鮮人の親戚か友人であろうが）書簡の一部だが、安田と名乗る朝鮮人が、日本人と差別されて扱われていることへの不満を綴《つづ》ったものである。これは、創氏改名《そうしかいめい》の結果、日本人名を名乗った朝鮮人の不満であるが、差別待遇という点では漢族、満族、蒙古族も同様の思いを持ったであろうと推察される。

朝鮮人のなかには、満洲へ来て一稼ぎしようという野心家がいたことは事実だ。木材商、土木業、運搬業などで荒稼ぎをするために渡満し、ある者は事業に失敗し、またある者はそこそこ事業化することに成功した。大成功を収めたという者は少ない。新京の宮本某より朝鮮平南《ピョンナム》に住む住人に宛てた四二年三月の書簡で、「満洲は何処に行っても我が同胞が多数散在し居り。国都新京にも内地人の次に位する勢力がある。然し半島人の信用問題は未だ〳〵問題に成らず」と述べている点に朝鮮人のビジネスの難しさが隠されていた。

反面で、朝鮮独立の運動に参加した者も少なくはない。憲兵隊にはこんな手紙が検閲で押収されている。「……満洲に於ける朝鮮人の心臓は実に強いものです。日本の奴等も満人も皆足下に置くからね。そして北満や通化へ行けば、鮮人金日成の団員と共産党が多くゐる。多分我等の生存中には新社会が建設せらる、であらう」。実に歴史はそのとおりに進んだわけだが、こうした朝鮮人の確信にも似た書簡が、目に見えないかたちで、満洲と朝鮮の間を行き交っていたということだ。

したがって、金日成の活動に対しても彼らは、日本人と異なり強い共感を持っていた。日本人は、彼らの活動には大きな脅威を感じていた。ある日本人は郷里の親戚に宛てた四〇年五月の書簡のなかで、「匪首は金日成、崔賢と云ひ、各々二百名許りであります。大きな襲撃事件だけでも、昨秋日本軍の一ケ中隊八十何名を全滅させ、軽機小銃共に掠奪、自動車は焼却し、本年三月森林警察隊百二十名や和龍の前田討伐隊六十何名を全滅させて居ります」と記していた。

圧倒的多数の漢・満・蒙族

それでは、満洲の総人口の九六％を占める漢・満・蒙族はいかなる状況に置かれていたのか。彼らが物資欠乏のなかで、配給や統制経済のなかで差別状況におちいったことは、他の在満朝鮮人たちと変わりはない。

「日本が誹謗する張（作霖）政権……没落したかつての軍閥はなるほどひどかったが、我々の食糧だけは与えてくれた。軍閥はやっぱり同じ国民だった」。そして「満洲国は何処の国と戦争をしているのか？　日本が戦争をしているのに満洲国が傍杖を食っている。その結果食糧が与えられない。そして日本人だけが食物を与えられている、なぜか？　満人はなぜ苦しまなければならないのか」。

この手紙は、営口市に住む赤尾某なる人物から天津の青木某なる日本人に宛てたもので、在満漢族のうわさ話を聞き、それを天津の日本人に伝えたものである。憲兵隊が検閲して没収処置をとっている。一九四二年五月のことである。

しかし漢族で特に悲惨だったのは、軍事施設の建設に動員された中国人苦力の処遇だった。東安の関東軍倉庫建築現場で働く王作聖なる人物がハルビンの王乃毅に宛てた四〇年七月の手紙では、「私は来東以来二ヶ月余り罹病した訳でありまして、一緒に来たのは四百余名でありましたが、中百五十余名も死亡しました。原因は水土の関係と、気候が大変寒いのに衣食悪く、凍死或は餓死したのです」と述べている。彼の場合には生き延びて友人に手紙を書くことができた。死亡した場合には、そのまま打ち棄てられたのである。「昨日裏の広場へ出て歩いていたら満人苦力の死骸が幾つかあちらこちらに転がって中には白骨となっているもの、頭蓋骨ばかりのもの、体全体の骨がそのまま少しずつ離れて残っている目も当てられぬ死体を犬が美味しそうに食っているもの、内地にては一寸見られぬ光景です。近頃こんなものは見飽きて足で蹴飛ばしていきます」。これはソ満国境の東寧の安藤某から愛知県の親類と思しき安藤なる人物に宛てた四〇年六月の書簡の一部だが、苦力の死体が、そして苦力がいかに扱われていたかを物語る一節であろう。この手紙も憲兵隊の検閲で没収処置となり、送り先には届いていない。

満洲国の建国に参加した蒙古族のなかには軍人も数多い。ノモンハン事件で興安北警備軍を指揮したウルジンはその一人だが、蒙古独立運動を指揮した巴布札布《パプジャップ》もその一人である。巴布札布の次男が甘珠爾札布《カンジュルジャップ》で、川島芳子の元夫である。三男が正珠爾札布《ジョンジュルジャップ》で、彼は一九四五年八月一一日、ソ連進攻下のハイラルで反乱を起こし、日本軍将兵多数を殺害し、その後、戦犯に問われてソ連、中国で服役する。彼らも満洲国のなかでは軍人として活動していたのである（『五千日の軍隊』）。

したがって、「五族協和」とはいってもその内実はそうとう緊張したものがあったというべきだ。

「一つ考えなければならぬことは一朝事が起きた場合の満州は満人が蜂起反乱する危険性が多分にあることで、これは昨年の『ノモンハン』事件には満洲国軍が皇軍と協同作戦中敗退した結果反乱を起こし日本人部落を襲撃して日本人を強姦あるいは虐殺したと言うが如き事項（内地発表なし）を見ても現在のような欧州大戦の推移如何に依っては世界の大動乱になる可能性があるとき余程考慮を要することだと思う」。この書簡は錦州の藤本某なる人物から福島県の藤本なる人物に宛てた四〇年五月の書簡だが、削除扱いとなっている。しかし、こうした手紙を書かせる雰囲気が満洲国に漂っていたことは事実だろうと思われる。

白系ロシア人の祖国への思い

白系露人の立場も複雑だった。ロシア革命を逃れて移り住んできた彼らにとって、満洲国は必ずしも安住の地だったわけではない。ビジネスに成功した者もいれば、逆に失敗した者も多かった。ロシア人が多く住むハルビンのキタイスカヤ通りには、零落したロシア貴族の末裔《まつえい》の若い女性が春をひさぐために集まり、たむろし、また彼女らを目当てに一夜の快楽を求めて多様な人種の男たちがそこに群がった。

白系露人の立場は複雑だった。一方で祖国ソ連を呪い、スターリンを罵倒する意見があるかと思えば、逆に熱い思いをソ連に寄せる者もいて、二分されていた。

憲兵隊がキャッチした動向を拾い集めてみよう。

「レニングランド《ママ》の陥落《ママ》したら、ヒットラーがロシヤに臨時政府を作り、白系の天下が来るだらう。ロシヤが共産党の魔手から解放されたらどんなによいだらう、降参さへすれば戦争は終るのに、スターリンは飽くまで戦はうとしてゐる」

これは、ハルビンから天津宛に四一年一〇月に出された書簡だが、ソ連敗北の見通しも四三年を過ぎると、逆にソ連への勝利を期待する声が広がりはじめる。

「僕は早晩祖国露西亜《ロシア》に帰るのだ。……（姉さんは普通通りにドイツに味方しているかもしれないが）……戦争の勝利は露西亜側にある事を思って居て貰らいたい。兎に角蘇連《それん》新聞の切抜きを若干送りますから読んでください。記事はスターリンを礼賛し、独蘇戦に於いては赤軍の勇猛果敢に反撃し独軍に対して甚大なる打撃を与へた等の記事が充満しています」

これは上海に住むロシア人オシバノフなる人物が満洲国ハルビン市に住む姉に送った書簡である。四三年一二月とあるからスターリングラードで独軍が敗退（四三年一月）、イタリアの無条件降伏（四三年九月）、ソ連軍キエフ奪還（四三年一一月）と続いたときで、ソ連軍が勢いを増してドイツ軍を西方へと追いやっているときだった。

独ソ戦でのソ連軍優勢の情報のなかで、白系露人と称された人々のなかでもソ連に強いシンパシーを抱いて動き出す者も少なくはなかった。

2　満洲国の職業人たち

満洲国に生きた職業人を取り上げることで、その生活の実態の一端に触れてみたいというのがここでの課題である。したがって、ここに登場する人物は名もなき職業人である。

特権をふるう軍人とその家族

満洲国で特権的な地位を築いていたのは、なんといっても日本人の軍人とその家族であった。戦時下の満洲では「関東軍天皇、満鉄中将、警官少佐、残りの日本人は下士官、満人は豚」というたとえが流行していたという（『流転の王妃』）。日本人の中でも高級軍人は特別の配給を受け、また権力を行使することが可能だった。作家の島木健作は『満洲紀行』のなかで、北満三江省の千振開拓団を訪問した後で弥栄開拓団を訪ねるために佳木斯《ジャムス》行きの列車に乗ろうとしたときの、軍人に対する扱いを記している。たまたまそのとき制服姿の予備役の陸軍大将が同乗したのだが、彼のおかげで島木を含む一般客は、指定席券を持っていたにもかかわらず、三等車に追いやられたというのである（『満洲紀行』）。

しかしこんなのはまだ序の口で、関東憲兵隊があまねく郵便検閲を実施していたことは公然たる秘密であったが、高級軍人の家族は、そうした憲兵隊の検閲にすら猛烈に抗議することをあえて行っている。関東憲兵隊が、高級将校の夫人の手紙を検閲し、その結果相手に届く時間が遅延したことを怒った高級将校の夫人が、夫を通じて憲兵隊に苦言を呈した結果、憲兵隊側は折れて、今後高級将校関係者の手紙を検閲する際には、十分に相手を見て検閲するように通達を出していた（『検閲された手紙が語る満洲国の実態』）。こうした抗議が関東憲兵隊に通達を出させるほどの力を、関東軍高級将校は持っていた。

羽振りのよい満鉄職員

満鉄職員も、満洲国の社会では上層の生活をエンジョイしていたといえる。満鉄職員は、雇員、傭員と比較しても満鉄のなかでもトップの階層に属するわけで、そのぶん豊かな生活を享受していた。

勤務時間は、原則九時から五時までだが、かなり自由に出勤し退社していた。満鉄の本社は大連だが、満洲国ができてからは、中央官庁が新京（現長春）にあるため、しばしば打ち合わせのために出張しているが、多くの場合には夜行列車を利用してこなしていたようだ。仕事の締め切りが迫ると徹夜に近い状況になるのは、今も昔も同じようで、しばしばそんな生活を強いられていたようだ。

しかし休日は、家族そろってのショッピングを楽しむ余裕もあったようで、満鉄社員用の消費組合切符をつかって、現金無しで衣類や家具などの購入、さらにはヤマトホテルでの飲食を楽しむこともできた。昼に当時としては贅沢《ぜいたく》なアイスクリームやお子様ランチの類を家族で楽しんでいる記録が残されている。娘のピアノや舞踊発表会に親が同伴する機会もあったようだ。いずれにせよ、一九二〇～三〇年代前半までの満洲での彼らは、日本内地よりははるかに豊かな生活を保証されていたといえる。

もっとも、こんな良いことばかりではなかったようで、満鉄社員の奥様は麻雀がうまいといわれたという。夜の付き合いで主人の帰りが遅い家の妻どうしが集まって、麻雀に精を出したというわけである。また地方に住む満鉄社員の買い物列車がしばしば話題となったという。彼らは満鉄無料パスで奥地から大連まで出てきて、消費組合切符で大量の買い物をして、帰りはチッキで送るだけでは間に合わず、車内の棚という棚を彼女らの買い物荷物で満たすのだという（『満洲紀行』）。

中国人街に接して暮らす都市中小企業者

同じ在満日本人でも、中小企業者は、上記二つのケースとは若干色合いを異にしていたようだ。まず住む場所が、同じ日本人でも上記二類型とは異なっていた。

大連を例にとってみよう。

日本人軍人や高級満鉄職員が住んでいた場所は、星ヶ浦などの新興開発地域で、西洋風の二階建ての別荘スタイルの家屋が大半だった。極寒の冬に備えて、大きめの台所と石炭置き場が特徴的だった。地方勤めの社員でも住居はしっかりしていた。北満を旅行した作家の島木健作は、斉斉哈爾《チチハル》北方の小さな町を訪れ、満鉄社員の家に泊まった際、がっちりとした造りや小さいながらも石でたたんだ風呂場、ふんだんに生水が飲めることに驚いたという。地下を千尺二千尺掘って汲み出した水を給水塔に溜めて使うためだという（『満洲紀行』）。

ところが都市の中小企業者においては、奉天（現瀋陽）市街浪速通のように日本人の商店が密集し、多くは店舗と居住地が一体で、店舗の一部で居住するというケースが一般的だった。さらには奉天城内に住む日本人中小企業者の場合には、位置的に中国人街に近く、日頃から彼らと接触する機会が、軍人や満鉄職員よりも多く、生活空間を共有していることが少なくなかったのである。しかも軍人や満鉄職員には転勤があり、一ヵ所に定住するというよりは、転勤にともない移動する場合が多かったが、彼らの場合には定住型で、それもその子弟が通う学校には、中国人子弟が通うケースも少なくなく、彼らを通じて中国語を修得するというチャンスも、まれではあるが見られた。このように、同じ日本人といっても、相当異なる生活感覚を持っていたのである。

抗日ゲリラにさらされる開拓団員

日本人の中でも厳しい状況に置かれていたのが開拓団員ではないだろうか。それは彼らの多くが、治安の安定しない農村地域に点々と農村トーチカさながらに配置されていたからである。その多くは鉄道沿線に近いとはいえ、数十キロも離れていて、しかもその鉄道も緊急には機能せずに、ゲリラの襲撃を受けた場合には、独力で持ちこたえることが要求されたのである。言いかえれば、彼らは国防第一線、治安戦の最前線に配置されたともいえよう。したがって、移民村は防壁で囲われ、監視の望楼《ぼうろう》が四隅《よすみ》に配置され、重火器で防御されており、日暮れとともに正門は閉ざされ、通行は禁止された。

そんな厳重な防御を施していても、抗日ゲリラの襲撃を受ければ、悲惨な状況に陥ることがしばしばだった。全員殺害されるという悲惨な事件は跡を絶たず、婦女子が誘拐されることもあった。さらには両足を馬に牽《ひ》かれ肉体を轢《ひ》かれて殺害されるといった陰惨な事件も起きた。

「当地の匪賊の多いのには驚きました。九月の中頃に匪賊と戦闘しましたが殆んど軍隊と変りません。之は要するに匪賊の方が強いのであります」

これは一九三九年一〇月敦化《とんか》に住む松島某なる人物が、静岡県の親戚の者に宛てた書簡である。これは憲兵隊の検閲で没収されて、宛先には届いてはいない。

討伐隊が組織され、ゲリラ軍を追跡することもあったが、これを捕捉殲滅するということは至難の業であった。「佳木斯《ジャムス》から二十里程離れた所に弥栄村と言ふ移民部落があって武装移民団です。此の間此の村が匪賊の襲撃を受けました。機関銃持った有力な匪賊で移民団の方でも大分死傷者を出し、又一部の女子は拉致されたそうで、大陸の花嫁も匪賊に攫《さら》はれては全く同情の極みです。隣の中隊は直ちに匪賊を追って討伐に出ました」。これは一九四〇年時点での書簡であるが、建国後八年が経過してもなお治安が安定していないことを匂わせている。

青少年義勇軍の悲惨な実態

日本人のなかでもさらに悲惨だったのは、青少年義勇軍だった。一四歳から一八歳までの農家の独身青少年で、満洲開拓に応募した者が集団で満蒙開拓地に配置されたが、厳しい開拓生活のため精神的な不安定さや孤独感から脱落したり、精神病にかかり帰国の途につくことを余儀なくされるケースが多かった。したがって、表面上の宣伝に騙されて満洲開拓地に来たものの、現実の厳しさの前に親に偽の手紙を書かせて帰国のチャンスをねらう隊員も少なくなかった。

また、生活の厳しさや食糧事情の悪さからくるひもじさゆえに、中国人の家から食糧を窃盗する者も多く、娯楽の少なさから喫煙飲食に走るものも少なくなかった。

「前文略　吉次郎はもう駄目です。義勇軍はもういやです。朝から晩まで使はれて、もう腹ぺこ〳〵になって帰って来ますが、飯は少くそしてコヌカ等食べて寝ます。もう吉次郎は駄目ですから父母様手紙着き次第速達でもよいから早く出して下さい……この手紙着き次第吉次郎を家の都合で帰して呉れ」。義勇軍に志願して満洲に来たものの、現実のあまりの厳しさに絶望的となった吉次郎の心の叫びが伝わってくる。

千振村に入植した勝沼某なる人物の書簡は、満洲移民の実態を短文だが、鋭く表現しているといえる。「政府及雑誌新聞又は講演或は政治家は、満洲は何でも良い地方であり、何をやっても成功する様に吹聴するけれ共、之等の者の口車に乗って欺されて入満し、目も鼻もつかず、現在非常に苦しんで居る者が半数以上もゐます。今になって皆後悔してゐる。移民の失敗□□□□多いのは、皆欺瞞されたもので、幹部にも多数あり。農夫も来てゐるが見てから約束が□□□てたまげてゐるもの多し。内地で喰ひつめた者が多く来てゐるから、発展を慾するのは無理だ。内地の百姓の最下級の生活程度しか出来ず粟を常食にして金を残してゐる。之では内地の方が余程いい訳だ」。満洲国建国の柱となる満洲移民そのものが腐敗しはじめてきていることがわかる。

実質的に農村を支配する中国人農民

中国人農民といった場合にも、四〇〇〇万人の農民の内訳を見れば、富農や地主から貧農、小作農までそれこそ千差万別で、一律に論ずることはできない。東北農村をコントロールしていたのは巨大な地主と富農で、彼らはしばしば大豆集買を業とする糧桟を兼業し、さらには金貸しをも兼ねていて、村落で絶対的な力を有していた。しかも農会をコントロールし、保甲制度の実施においては、保長か甲長を兼ねて村落で大きな権限をポストとともに保持していたのである。

彼らは、さまざまな情報を集計して、有利な条件で大豆を購入・販売しており、こうした利便性を活用して富を蓄積した。現在は食糧不足の状態だから「新穀が市場に出たら一年中食す糧穀の買い溜めをせよ」と満洲国エリートの建国大学生が父親宛に出した手紙が、検閲で没収されている。一九四三年九月のことだ（『検閲された手紙が語る満洲国の実態』）。特に戦時期に入ると統制が一般的となり、正確な情報いかんが収益を左右することとなり、それを有利に活用できる富農や地主がさらなる富をものにすることができた。したがって、彼らが実質的な意味での農村の支配者であり、満洲の大地の支配者だったのである。

商売上手な中国人商工業者

中国人商工業者の多くは、付属地に隣接する城内に住んでいた。満洲事変前は、城内と付属地の日本人街では交易を行う際には関税上の問題があり、自由な取引はできなかった。したがって、張作霖政権は、この関税を調整することで、中国人商人に有利なように商取引を実施することを仕掛けたのである。

満洲国成立後は、治外法権撤廃にともない、それ以前の制度は消滅したが、中国人商工業者の居住地と日本人のそれとは明確に峻別されていた。また、満洲国成立前は城内と付属地とを直接つなぐ電話は敷設されておらず、両者はいったん外に出て間接的につながれるようなシステムになっていた（『満洲の日本人』）。

中国人商人の多くは掛け売りが中心で、月末支払いか、年末支払いで、会計は処理されていた。しかし中国人商人の商売上手は、日本人のそれとは比較にならなかった。北満の奥地を旅した島木健作は、中国人商人が上手に日本語を使い、愛想よく島木に接し客を大切に扱う態度が随所に見られたのに対し、日本人商人の店は客扱いが雑で価格も高く、いい気持ちはしなかったと述べている（『満洲紀行』）。

しかし中国人商人のなかには、正常な商取引というよりは麻薬、阿片などの取引に手を染める者も少なくはなかった。時折彼らの暗号めいた符号入り書簡が憲兵隊の検閲に引っかかることがあったが、それは阿片取引の場合が少なくなかった。関東憲兵隊は、「匪情に関し報ずるもの等相当ある」がそのあと続いて「常人にして阿片密輸の如き不正を企図しあるがごとき通信をなすもの等ありて注意を要す」と指摘していた。一九四〇年四月の『通信検閲月報』での一こまである。

若い世代が台頭しはじめる中国人官吏

中国人官吏の生活は多様であったが、満洲国の官吏養成課程が整備されるにともない、次第にその養成課程から選出された官吏が要職を占めはじめた。建国当初は日本留学組が要職を占めていたが、やがて建国大学や大同学院出身者が、県長から満洲国中央政府の処長、科長、次長へと昇格を開始し、敗戦直前では、中央政府の次長クラスへと昇格したものが現れはじめた。日本の大学を卒業し、帰国して中央政府入りを果たし、出世街道を進みはじめるものも現れはじめた。

その契機となったのは、一九四二年の「満洲建国一〇周年」を迎えた人事異動だった。

七名の大臣のうち、六名までが一八九〇年代生まれで、五〇歳台に若返った。なかでも交通部大臣の谷次亨は一八九八年生まれの四四歳。東京高等師範の文科を卒業後、満鉄、満洲国政府で働き、総務庁次長を経て大臣に就任している。総務庁次長といえば岸信介が占めていた要職である。司法部大臣の閻傳紱《えんでんふつ》は一八九六年生まれの四六歳。東京帝国大学経済学部卒。満鉄職員、関東庁嘱託を経て満洲国政府職員職を歴任している。国レベルから省レベルに落とした場合だが、四二年一〇月に実施された大幅な人事異動では、一五省のトップのうち一八九〇年代生まれが一一名と圧倒的で、日本人が四名、中国人が一一名、うち五名は日本留学経験者だった（『日本統治と東アジア社会』）。日本語を話す若い中国人世代が確実に伸びてきていることがわかろう。

広範に活動する朝鮮人官吏

朝鮮人の活動領域は満洲国全域に及んでいたし、従事していた職業の業種も日本人よりははるかに広かった。彼らは、母国を離れて満洲国に住みながらも、官吏、農業、工業、商業など広範な領域にその触手を広げ、朝鮮人のネットワークを持ちながら、その領域を拡大していった。

官吏の場合、彼らは日本人に次ぐ社会的ポジションを持ちながらも差別され、昇進も日本人よりは遅れ、一定ポスト以上には上がれなかった。しかも中国人からは亜流日本人の扱いを受けた。したがって、彼らは進んで警察官や軍人となってリスクの高いポジションで立身出世にかけるという傾向も少なくはなかった。戦後、韓国の大統領となる朴正熙も「匪賊討伐隊」の将校として活動した。さらにはより高いポジションを目指して満洲から華北、華中、華南へとその活動舞台を広げ、さらには一九四一年一二月以降のアジア太平洋戦争以降は南方地域にもその活動領域を広げていったのである。

3 日本文化と満洲

では、定着できないままに日本人は、満洲でどのような生活をしていたのか。彼らの満洲での文化的営為はどのようなもので、他の民族にどんな影響を与えていたのか。

映画――「満映」が生んだスターたち

満洲での映画の歴史は、満鉄とともにあるといっても過言ではない。満鉄映画班が設立されたのは一九二三年のことで、スタート当初は、本社裏の車庫の二階が事務所だった。当初のスタッフは二〇名程度だった。後にこの班の中心人物となり、その後の満洲映画界に大きな影響を与える芥川光蔵《あくたがわこうぞう》が同志社大学を卒業して満鉄に入社したのは二九年のことだった。満鉄映画班は、満洲開発を宣伝するため『満洲を拓く者』(一九二八年)、『石が石油になるまで』(一九二九年)、『ガンジュール』(一九三〇年)などを作成している。

三一年九月に満洲事変が勃発すると、芥川をヘッドに満鉄映画班は関東軍や天津軍の依頼を受けて北平地域で撮影活動を展開、記録フィルムを残している。さらに彼の代表作となる『秘境熱河』(一九三六年)では、ドイツ製のズームレンズ付きの大型カメラを使用して満洲の草原をバックに映画を撮影した。芥川は一九四一年に満鉄を退職し、後述する満映に移籍した。

一九三七年八月に満洲映画協会、通称満映が設立されると、満洲での映画製作の中心は、大連から満映所在地の新京(現長春)へ移行する。満映の初代理事長には金璧東《へきとう》が就任した。彼は、「東洋のマタ・ハリ」と称され、日本軍と協力してさまざまなスパイ活動に暗躍した、日本名は川島芳子、本名金璧輝《へきき》の実兄である。そして専務理事には、満鉄庶務課長で満鉄の記録映画を担当してきた林顕蔵が就任し、満映の実務を支えることとなる。一九三八年には満映スター李香蘭《りこうらん》（本名山口淑子《よしこ》）が誕生、そして三九年一一月甘粕正彦が満映理事長に就任することで満映は本格的稼動を開始する。

彼が満映理事長のポストに就いた三九年時点での全満の映画館数は一二〇から一三〇で、そのうち日本人経営の日本映画上映館は約半数だったという。甘粕の理事長就任で、映画の製作本数は、それまでの約二倍の年間二〇本に増加し、満映の俳優やスタッフの待遇改善が進んだ。甘粕は、関東軍におもねることなく比較的自由に映画づくりを行ったといわれる。関東軍高官が満映の女優に宴席への出席を強要すると、「女優は酌婦ではない。芸術家である」と突っぱねたというエピソードが伝わっている。

もっとも甘粕がいくら有能だといってもしょせんは管理者である。映画づくりという点では素人に分類される。そこは、根岸寛一《ねぎしかんいち》、内田吐夢《とむ》らががんばった。根岸は、戦後引揚げた後、東映を設立、満洲帰りの映画関係者を吸収して映画づくりに励んだ。内田もその一人で、彼は一九六四年に代表作『飢餓海峡』を作成している。

いずれにせよ、前歴が左翼運動経験者でも、能力があればそれを承知で採用するというのが甘粕の方針だった。国家転覆といった過激な思想を除けば、すべては許容範囲内という自信が彼をそうさせたのであろう。満映が作成した映画は、大きく分けて娯楽映画、教養映画、時事映画の三種類だったが、「五族協和」の宣伝のためには、各民族のある面での主体性が重要という認識が、彼の行動の背後にあったのではないか。

甘粕が理事長時代の一九四二年に作られた映画に『迎春花』がある。松竹と満映の共同作品で、監督は佐々木康《やすし》。製作は岩崎昶《あきら》、清水宏の二人である。あらすじは、奉天（現瀋陽）で建設会社を営む社長の下に甥の村川（近衛敏明）が新入社員として入社する。彼をめぐり白麗（李香蘭）と八重（木暮実千代《こぐれみちよ》）が恋愛劇を繰り広げるが、のんびりものの村川は彼らの想いも解さぬなか、二人は奉天を去る、というたわいのないものだが、そこには李香蘭と木暮実千代が登場する。

李香蘭は満映トップスターとして銀幕を彩り、上海でも川喜多長政《かわきたながまさ》率いる配給会社中華電影、映画製作会社中華聯合製片有限公司（中聯）と関係して『万世流芳』に出演、主題歌「売糖歌」とともに彼女はスーパースターの座を射止めている。他方、木暮はといえば、この李香蘭との共演が縁で遠縁に当たる満鉄理事の和田日出男と結ばれることとなる。

もっとも木暮の場合、女優さんといえども引揚げのときは相当厳しかったようで、「美しい木暮実千代さんがご主人と一緒に着かれた時など、これが一世の名女優さんかとうたぐるほどのやつれかただった。それでもお風呂から出てビールをのんでお腹一杯たべてもらったあとは、どうやら女優さんの香りがどことなく漂って来たようだった」（『森繁自伝』）とは、引揚げ港だった葫蘆《ころ》島で彼らを迎えた当時新京放送局のアナウンサーで後の名優森繁久彌の率直な感想だった。

満映所属で戦後スターの座をほしいままにする人物をもう一人挙げるとすれば芦《あし》田《だ》伸介《しんすけ》だ。芦田も三七年、東京外国語学校中退後は新京放送劇団に入団、四三年には満映で映画デビューを果たしている。四八年に満洲から引揚げた後は劇団民芸で活躍、六一年にはテレビドラマ『七人の刑事』、六六年には『氷点』でスターダムの道を上り詰めた。

李 香蘭

木暮実千代

音楽——内地より恵まれた音楽的環境

満洲に関連する日本人音楽家を挙げろといわれたら、筆頭は東海林《しょうじ》太郎と小澤征爾《せいじ》ではないか。一方は流行歌手で他方は指揮者。同じ音楽家といっても相当年代も異なりジャンルも違うが、満洲の色彩を除いて語れない点では共通している。

東海林太郎は一八九八年、秋田市に生まれている。親の反対で国立東京音楽学校（現国立東京藝術大学）入学を断念した後、一九一七年に早稲田大学商学部予科に入学、二三年早稲田大学研究科（現大学院）修了時点で満鉄調査課に就職している。彼が最初に手がけた調査は「満洲に於ける産業組合」問題だった。この調査報告は二五年に満鉄調査資料第四三編として出版されている。

東海林は二七年から調査課を離れ、満鉄鉄嶺《てつれい》図書館長として当地に赴任《ふにん》している。しかし勃然《ぼつぜん》と起こる音楽熱は絶ちがたく、三〇年に満鉄を辞職し、日本へ戻り音楽の道に踏み入ることとなる。三四年に「赤城の子守唄」で歌謡界に彗星のごとくデビューし、瞬く間に五〇万枚売りつくした。その年の暮れには「国境の町」でこれまたヒットを鳴らし、彼は押しも押されもせぬ歌謡界の第一人者の位置をキープすることとなる。もっとも「赤城の子守唄」を歌う際に、東海林は、国定忠治も知らなかったし、やくざの歌を歌いたくない、と思ったという（『一唱民楽』）。

逆に「橇の鈴さえ　寂しく響く　雪の曠野よ　町の灯よ　一つ山越しゃ　他国の星が凍りつくよな　国境」と歌う「国境の町」は、彼が過ごした満洲そのものだった。すでに不動のスターとなった三八年五月、彼が「在満皇軍勇士芸能慰問団」の一員として、北満のアムール河を隔ててソ連と向き合う黒河で兵士を前にこの歌を歌うと、彼らの間から嗚《お》咽《えつ》が聞こえ、東海林も泣き出すのをこらえて歌った、と同行した青葉笙子《あおばしょうこ》は回想している（『東海林太郎　影像の世界』）。

もう一人は、音楽指揮者の小澤征爾だ。彼の征爾の名前は、関東軍参謀で満洲事変の二人の計画実行者、板垣征四郎と石原莞爾の名前から一字ずつとって命名されている。彼の

東海林太郎

小澤征爾

父、小澤開作は満洲で歯科医院を開いていたが、民族協和運動に没入、満洲事変後には自治指導部にあって板垣征四郎や石原莞爾と行動をともにした。

小澤は一九三五年、奉天に生まれている。幼い頃からピアノを学んだというが、おそらく音楽的環境という意味では、当時の日本よりははるかに恵まれた条件のなかにあったというべきだろう。

というのは、ロシアは、東清鉄道の拠点ハルビンを建設中の一九〇八年には早くも東清鉄道交響楽団を組織している。東清鉄道交響楽団は、辛亥革命後の一二年には東支鉄道交響楽団とその名称を変更するが、ロシア革命後は、エマヌエル・メッテルのような優れた亡命ユダヤ人指揮者を得て、音楽のメッカに変貌する。新進の作曲家、山田耕筰も二五年四月、彼らを日本に招待している。メッテルは二六年に来日し、関西を中心に音楽指揮者として活躍した。

奉天でも満洲医大オーケストラが活躍しており、開作の実弟小澤静《しずか》が三一年からそこでホルンを吹いていた。征爾が生まれたのが満洲医大だったことも何かの因縁であろう。小澤征爾が生まれた三五年に、ハルビンを拠点とした東支鉄道（北満鉄道）は満洲国に譲渡され、ハルビン交響管弦楽協会が設立されて活動を開始、三九年三月には日本を訪問している。一九四二年には建国一〇周年を迎えて、新京音楽団の理事長だった甘粕正彦の支援を受けて活動、満洲各地を演奏旅行した(『王道楽土の交響楽』)。

一九四四年には指揮者の朝比奈隆《あさひなたかし》も甘粕正彦の要請で渡満、全満で演奏旅行を行っている。敗戦をハルビンで迎えた朝比奈は、他の日本人同様、苦労して四六年一〇月に博多に上陸している。四五年五月に妻子も渡満しているので、わずか三ヵ月で敗戦国民となったわけだから、この渡満は軽率な判断だったと奥さんから言われても朝比奈に反論の余地はなかったようだ(『楽は堂に満ちて』)。情勢判断というものは音楽のようにはいかぬものと思ったのではないか。

演劇——大連芸術座を中心に

満洲での文化運動には左翼運動の香りが漂うが、演劇運動もその例外ではない。満洲での演劇、とりわけ新劇の誕生は、一九三五年に結成された大連芸術座にある。三五年新協劇団を脱退して満洲へ渡った藤川夏子は、満鉄調査部の鈴木小兵衛の依頼で、中西功、代元正成、「大連日日新聞」の河村好雄、満鉄図書館の萩沢稔、石川春夫らと大連芸術座を結成したという(『私の歩いた道』)。この結成には、大連の左翼文化人が多数動いていることがわかる。鈴木は、当時満鉄調査部の嘱託として、中西、代元は調査部員として活発に活動していたし、満鉄図書館の萩沢、石川を加えて満鉄社員がバックアップしていたことがわかる。

日本の新劇運動は、一九〇九年、坪内逍遥らによる文芸協会演劇研究所の発足と、島村抱月《ほうげつ》、松井須磨子《すまこ》らの新劇俳優養成に始まり、関東大震災後の二四年の小山内《おさない》薫《かおる》、土方《ひじかた》与志《よし》らによる築地小劇場の建設をもって本格的活動時期を迎える。関東大震災により東京全滅の報を聞いて、ベルリン留学中の土方は帰国を決意、留学費用の残額で三〇〇人収容程度の劇場の建設を決意した（『回想のプロレタリア演劇』）のだ。その後、プロレタリア芸術運動の勃興・拡大とともに、築地小劇場を舞台とした運動も拡大と多様化を開始する。

藤川がそれまで日本で所属していた新協劇団とは、実は二一年に結成された左翼劇場にその起源を持っている。その後、これが左傾化を強めるなかで、三一年のプロレタリア文化連盟（コップ）の結成とともに、それに所属して活動を展開したが、三四年にコップを脱退、左翼劇場の中央劇場への改称、旧左翼劇場、新築地、美術座などの合体を通じて結成されたのが新協劇団なのである。新協劇団はリアリズム演劇を目指していた。ところが藤川らは、これに飽き足らずに脱退、満洲の地に居を転換させたのである。

藤川らは、三六年から四〇年までの五年間、大連芸術座を拠点に全満で活動を展開した。以下、彼女の自伝によりながら、その歩みを見てみよう。彼女は三六年にはチェホフ作『結婚の申し込み』、『天鵞絨《ビロード》のばら』で主役を、野上弥生子《やえこ》作『腐れかけた家』に出演、三七年にはチェホフ作『叔父ワーニャ』に出演、三九年にはドーデー作『アルルの女』に出演している。この間、単に演劇だけではなく、新京放送劇団に招かれ菊田一夫作『花咲く港』に出演、森繁久彌、芦田伸介らと牡丹江、吉林、ハルビン、斉斉哈爾、承徳、奉天、大連などでの公演に参加した。森繁は三六年に早稲田大学を中退して東京宝塚劇場(東宝)に入社、三九年にはNHKアナウンサー試験に合格し、満洲電信電話株式会社新京放送局に就職、そのとき藤川と行動を共にしたのである。

戦後、引揚げた後、森繁は、四八年、菊田一夫のヒット作『鐘の鳴る丘』にも出演している。戦後は押しも押されもせぬ一級のスターになる彼らも、アジア太平洋戦争に突入すると、戦局の悪化とともに演劇活動は厳しさを増して停滞を余儀なくされる。藤川も四一年以降は大連芸術座とも距離を置いて、畑仕事に従事していたという。

敗戦後の一九四五年の話だが、大連芸術座の戦後第一回公演は、チェホフの『桜の園』だったという。藤川はその後四六年には日本人労働組合文化宣伝部文工隊員として活動、夫の死後四七年第一次引揚げ船で帰国している。

文学——同人誌で活躍する各民族の作家たち

すべてとはいわないが、他の多くがそうであるように、満洲の文学界も大連をその発祥の地としている。そして、大連に文学の糧《かて》を育《はぐく》んだ会社こそ満鉄であった。

日本人社会に深く根を下ろした日本語の同人雑誌『新天地』が大連で発刊されたのは一九一一年のことだが、この雑誌は、一九四五年五月の満洲国の消滅直前まで継続した。『新天地』を始めたのは満鉄退職社員の中村芳法、上村哲哉の二人だった。主に中国や海外での事件情報や各種評論を掲載した。満鉄調査部員だった南郷龍音《なんごうたつね》の日記を見ていると『新天地』に寄稿した原稿の話がしばしば登場する（『満鉄経済調査会と南郷龍音』）が、在満日本人知識層の多くがこの雑誌に寄稿していた。また大連で同人雑誌『文学』が発刊されたのは一九三二年のことで、ここを舞台に大谷健夫、高木恭造、古川賢一郎、木崎龍らが活躍した。『作文』と名を変え、四二年には『芸文』に吸収された。

満洲国も建国六年が過ぎ、首都新京が中心的活動地点になるにしたがい、この地にも文芸雑誌が誕生する。北村謙次郎や木崎龍らの同人が『満洲浪曼』を立ち上げたのが一九三八年のことだった。満洲国の首都に誕生した雑誌にふさわしく、「満洲国において公認のイデオロギー」「満洲国の建国神話、建国精神をロマンチックに謳歌」（『文学から見る「満洲」』）していた。満洲の雑誌同人のなかからは日本人以外の満洲文学者が誕生し、活躍する。中国語文学の中心人物で『平沙』『新生』などの作品を残した古丁《こてい》や『緑の谷』などの代表作で満洲の郷土文学をリードした山丁《さんてい》、郷土の現実を描いた粛軍など。また、朝鮮人作家でも朝鮮語で作品を発表した申瑩澈《シンヨンチョル》、金朝奎《キムチョギュ》や、日本語で発表した今村栄治（張《チャン》喚基《クァンギ》）などがいる（同上）。

アジア太平洋戦争になると、東亜の結束を求めた文学者の国際会議が開催される。第一回の大東亜文学者大会が東京帝国劇場で開催されたのは、一九四二年一一月のことだった。参加者は、満洲国が古丁、山田清三郎ら六名、南京の汪兆銘の中華民国からは草野心平ら一二名、蒙古からは三名、台湾から四名、朝鮮からは香山光郎（李光洙）ら五名であった。彼らは明治神宮、靖国神社、伊勢神宮を参拝し、「大東亜精神」の「発露」を謳い上げた。第二回大東亜文学者大会は、一九四三年八月に東京帝国劇場と大東亜会館で開催された。このときも日本以外では朝鮮、中国、蒙古、台湾の代表が参加し、第一回同様、神社参拝を行っている。第三回大東亜文学者大会は四四年一一月に中国の南京で開催された。朝鮮、日本、中国、満洲から代表が参加したが、台湾が不参加で、全体として会の体《たい》をなさなかったという。第四回大東亜文学者大会は、一九四五年に満洲国で開催の予定であったが、敗戦のなかで開催されずに終わった（『満洲崩壊』）。

スポーツ——野球の満鉄、武道の満洲建国大学

満洲のスポーツを支えたのも満鉄であり、それは具体的には満洲倶楽部が発足した一九

二四年以降のことであった。この時期、満鉄は創業以降二〇年を経過しており、経営が安定し、従業員の誇りと慰安が必要な時期を迎えていた。倶楽部の活動は、野球、剣道、柔道、角力《すもう》（相撲）、テニス、水泳、バレーボール、バスケットボール、馬術、アイススケートといったスポーツ活動のほかに絵画、文学、音楽といった文化活動も含まれていた。

満洲倶楽部を有名にしたのは、アマチュアの都市対抗野球であった。一九二七年の第一回都市対抗野球大会に参加した満洲倶楽部は、主戦投手児玉政雄の力投で優勝し、優勝旗を大連に持ち帰るという快挙を成し遂げたのである。時あたかも一九二五年には東京六大学野球リーグが結成され、二六年には神宮球場が完成し、アマチュア野球は全盛時代を迎えんとしていた。第二回大会では同じ大連の大連実業団が優勝、そして第三回大会では再び満洲倶楽部が優勝旗を手にした。二〇年代後半、アカシヤの大連は野球の大連に変わったのである。

夏のスポーツの代表が野球なら、冬のそれはアイススケートだった。アイススケートは明治の終わりにヨーロッパから大連にもたらされた。それが広がって、昭和の初めには全満でのスケートリンク数は一五ヵ所に及んだという。一九四二年に満映が製作した前述の映画『迎春花』には、李香蘭や木暮実千代がアイススケートを楽しむシーンが登場する。冬、グラウンドに土手を作り水を撒《ま》いて一晩置くと翌朝みごとなスケートリンクに早変わり、満洲っ子は思い思いにアイススケートを楽しんだという。

満洲のスポーツを支えたもう一つの機関は、満洲建国大学である。一九三七年八月に募集・入試を開始し、三八年五月に第一期生が入学した。発想は石原莞爾の「アジア大学構想」にあるといわれる。東條英機、片倉衷、辻政信らが創立に関わっている。建学を担ったのは平泉澄《ひらいずみきよし》、筧克彦《かけいかつひこ》、作田荘一《さくたそういち》、西晋一郎《しんいちろう》の四博士で、「五族協和共同生活（寮）」「満洲国を対象とした学科配置」「訓練場での教育」「教学の目的は真理の探究より道徳の教養」を建学の精神にスタートした。

武道が必須化され、剣道、柔道、弓道、銃剣道、馬術、角力などの科目が開講されていた。科目が異色なら、それを担当する教員も異色で、柔道の福島清三郎、合気武道の植芝《うえしば》盛平《もりへい》、富木謙治、角力の天龍《てんりゅう》らが含まれていた。植芝は大本教《おおもときょう》の信者としても有名だが、伝説的武芸者の名をほしいままにしたし、富木は後に早稲田大学で体育学を講義している。異色中の異色は角力の天龍だろう。一九三二年一月の「春秋園事件《しゅんじゅうえんじけん》」で角界改革運動を展開し、二月新興力士団を結成したが、三七年には時局の急迫により解散した。その後、三八年一月には渡満して建国大学体育顧問となる。彼は四〇年六月に満洲角道会を発足させ、蒙古相撲を奨励した。同年六月には満洲準本場所一五日間を興行している。このときは横綱照国が優勝している。さらに七月には満洲国の新京で満洲国皇帝供覧奉納建国忠霊廟大相撲を興行したのである（『武道の教育力』）。

先ほどアマチュア野球の話をしたが、一九四〇年夏には「満洲日日新聞」の招待で満洲リーグが開催されている。奉天、大連、新京で合計七二試合を実施し、巨人が優勝したが、川上哲治《てつはる》が首位打者に輝き、タイガースの三輪八郎《みわはちろう》が巨人戦でノーヒット・ノーランを記録するなど、数々の逸話を残した。しかし、アジア太平洋戦争に突入すると、満洲国のスポーツも、日本国内同様窮屈になっていく。国民的人気を誇った野球、都市対抗野球は中止や延期が続き、「アウト」「セーフ」といった敵性英語の使用が禁止された。

逆にスポーツの国策化が進行するなかで、日満支のスポーツ交流が進行する。三九年九月には第一回日満華運動大会が長春、瀋陽で開催されている。競技種目は陸上競技、サッカー、バスケットボール、卓球、武術などであった。第二回大会は四〇年六月に東京、大阪で、第三回大会は四一年八月に長春で開催された。第二回大会が開催された四〇年は紀元二六〇〇年に当たることからそれを記念した武道使節団が満洲から日本に送られている。四二年三月には満洲国建国一〇周年日満交歓武道会が長春で開催されているし、一一月には日本報道部の主催で、上海で日本、中国、満洲、ドイツ、イタリア、自由インド、タイ、フィリピンの八ヵ国参加の国際競技会が開催されている。

第7章

消滅した「満洲国」が遺したもの
――引揚げと受け入れ、そして戦後の中国東北

大連地区から引揚げた子供たち（1947〈昭和22〉年、舞鶴港）

ソ連軍の侵攻と占領

一九四五年八月九日午前零時を期して、ソ連軍は対日宣戦布告を行うと同時に、ソ満国境を越えて満洲へとなだれ込んできた。ソ連軍は、満洲東部・北部・西部の三方から首都新京を目指して侵攻を開始した。一九四四年以降、主力を南方戦線に引き抜かれていた関東軍に、昔日の面影はなかった。関東軍は随所でソ連軍に撃破され敗走に転じた。八月一八日には満洲国の皇帝の退位が決定され、満洲国は消滅した。

一七日夜、通化省の臨江に近い大栗子溝《だいりっしこう》の鉱業所の食堂で開かれた緊急の参議府会議には、総理の張景恵、参議府議長の臧式毅、宮内府大臣熙洽《きはく》らが出席したが、一八日になってやっと満洲国の解体と皇帝の退位が決定された。同席した皇帝の弟の溥傑は「退位式は簡素で厳粛に執り行われた。皇帝溥儀は退位詔書を読み終えた後、参会者一人一人と静かに握手をしてひっそりと退場した」（『溥傑自伝』）と回想している。溥儀と溥傑は翌日、空路日本に亡命する途中、奉天の飛行場でソ連軍に逮捕され、そのままシベリアに送られた。

進駐したソ連軍は、四五年九月には満鉄を接収し、中ソ共同管理の下に置いた。ソ連軍は、四六年五月に東北から撤収するが、その間、東北にあったさまざまな鉄道施設や工場施設、発電所や変電所などを接収し、ソ連領内へと搬出した。その被害額は八億ドルとも二〇億ドルともいわれている（『瓦解 満洲始末記』）。ソ連軍の撤収とともに国民党軍が東北に進攻し、中国共産党に代わってこの地域の統治を開始した。しかしこの国民党の支配も長続きはせず、四八年からは中国共産党の反撃が始まり、国民党はこの地域から駆逐されていった。

政府による引揚げ作業の開始

敗戦と同時に即座に日本人の引揚げが始まったわけではない。日本政府は敗戦直後、各国との外交関係が遮断されたため、日本政府と旧植民地との連絡は、国際赤十字やGHQを介するか、中立国を通じてしか行われず、事実上中断されたままの状態だった。日本政府も当初は居留民現地定着の方針だったし、また船舶の不足や機雷の除去の必要性が、その実行を大きく妨げていた。

しかし現地の窮状が伝わるなかで、GHQと日本政府は引揚げ作業に着手する。一九四五年一〇月には引揚げの中央責任官庁として厚生省が選ばれ、一二月には旧陸海軍省がそれぞれ第一、第二復員省として復員事業を担当することとなり、復員・引揚げ事業は軌道に乗りはじめる。そして翌四六年三月一五日にはGHQから「引揚げに関する基本指令」

が提示され、法令的に整備された(『戦後アジアにおける日本人団体』)。

中国東北では、一九四六年五月の葫蘆島からの第一船乗船開始を契機に、一〇月までに約一〇〇万人の日本人が引揚げを完了している。また同じ東北の大連からは、四六年一二月から四七年にかけて三次にわたる引揚げで、約二二万人が日本へと帰還した。樺太、千島からは、四六年一二月から四九年七月までに二九万余名が引揚げた。ソ連軍が進駐した北朝鮮からの帰還は、当地在住者に満洲からの避難民が加わったこともあって、三〇余万人に膨張、援護の遅れもあって困窮者が激増し悲惨な状況になったが、三八度線を南下する者が激増、残った者も四六年一二月から四八年七月までに七〇〇〇余名が引揚船で帰還している。藤原てい『流れる星は生きている』は、この体験をもとに生まれたものだった。これら中国東北や樺太・千島地域からの引揚者は合計すると一五〇万人に上り、この地域からの引揚者が全体の約半分を占めていた。

現地の引揚げ援護団体

中国東北から一二七万人余が引揚げてきたが、その八〇%に該当する一〇一万余は一九四六年中に引揚げているのである。これは非常に短期間に引揚げが完了したことを物語っている。引揚げに際し大きな役割を演じたのが、現地の日本人引揚げ援護団体だった。当初、東北のソ連軍進駐地域では、居留民会を名乗る現地日本人援護団体が多数結成され、大連では日本人労働組合が結成されている。

現地日本人援護団体は引揚げ業務の多くの部門を担当した。引揚げ以前の業務としては、日本人名簿の作成、居留地管理（衛生・教育・治安維持）、引揚げ完了までの現地での生活維持のための就業斡旋、占領側の強い要望である日本人高級技術者の留用業務、生活困窮者のための募金活動、進駐してきた占領軍との折衝があり、引揚げが開始されると、引揚げ船寄港地までの人員の輸送、出国業務補助などが加わった（『満蒙終戦史』）。

敗戦直後にソ連軍が進駐し、その後、国共内戦で国民政府と共産党がめまぐるしく交替した中国東北では、当初は日本人居留民会が作られた。また大連では日本人労働組合が作られ、居留民会の機能を代替したケースもあった。これらの組織の幹部は、満洲の大企業や満洲国高級官僚から構成されていたが、発足後に指導部がソ連軍に逮捕され、新メンバーと交替したケースも見られた。ソ連軍が撤退し国民党が進駐すると、東北地方日本人居留民救済総会をはじめ居留民会の多くは、日僑善後連絡総処に組織換えされ、一九四六年七月には瀋陽に、各地連絡総処を束ねるものとして東北日僑善後連絡総処が作られた。その主任には元満洲重工業開発株式会社総裁の高碕達之助が就任、引揚げ業務を積極化させた。また東北でも国共内戦で中共軍が支配した地域では、中共軍と連携を持つ日本人開放同盟や日本人民民主連盟（吉林、安東など）が引揚げ事業を担当した。

受け入れの現実

引揚者の大半は、在外財産を事実上放棄するかたちで帰国の途に就いた。当時の日本は、戦後復興の過程で外地からの引揚者を受け入れるだけの余裕に乏しかった。そこに日本の総人口の約一割に該当する六五〇万から七〇〇万人近い引揚者が帰国したわけだから、彼らの就業は狭き門だった。

一九五〇年度の国勢調査を分析した尾高煌之助《おだかこうのすけ》の研究「引揚者と戦争直後の労働者」（『社会科学研究』48－1）によれば、引揚者の就業分布上位五位を見ると農業、製造業、卸及び小売、サービス・運輸、公務員の順で、なかでも農業に就業するものが圧倒的に多かった。群馬県にかぎっての話だが、旧満鉄従業員五二二名の戦後就職先を見ると、農林業が八六名でトップで、鉄道関係に就職できたものは四二名で農林業就職者の半分であった（『群馬県海外引揚誌』）。つまり海外からの引揚者はひとまず親戚・縁者・知人を頼りに農村で農業に従事することを余儀なくされたのである。当時都市の製造業が戦災で壊滅的打撃を受けていたことを考えれば、最大の就職先が農業になるのは当然だった。

しかし当時の日本農村は「よそ者」を受け入れる余裕に乏しく、そのため彼らは、日本で開拓地に入るか、南米移民に再度出るというケースも希《まれ》ではなかった。この満洲移民と南米開拓移民の連鎖は、これを推進した日本海外協会連合会幹部の顔ぶれを見るといっそう鮮明になる。幹部には満蒙開拓を担当した元満洲拓植公社総裁坪上貞二《つぼがみていじ》、元力行会《りっこうかい》会長で戦前南米移民や満蒙移民に携わった永田稠《しげし》、元東京帝国大学教授、農学者で満洲移民政策の立案にかかわった小平権一《こだいらごんいち》の名前が挙がっており、移民政策の戦前と戦後の連続した人脈がうかがい知れる。

在外財産の補償問題

どの職業に就くにしろ、引揚者の大半は在外財産を放棄して帰国したわけだから、彼らは帰国後間もなくその補償を求める運動を展開し、一九四六年一一月には引揚者団体全国連合会を発足させた。同会は理事長に元朝鮮総督府殖産局長穂積新六郎を、副理事長に元満鉄理事北條秀一を擁したように、中枢幹部は旧植民地・占領地の高級官僚や大企業幹部が占めていた。これに先立つ四六年九月には引揚者全国大会が開催され、在外財産問題の解決策として政府補償を求める決議を採択している。これを受けて一〇月には閣議で補償案を決定したが、GHQの承認が得られぬままに、補償は棚上げ状況になった。その後、引揚者団体全国連合会は、毎年大会を開催し、国会やGHQへの陳情を繰り広げたが、大きな成果を獲得することはできなかった。

一九五一年にサンフランシスコ講和条約の原案起草のため来日した国務長官ダレスに対して、引揚者団体全国連合会は在外財産問題の解決を盛り込んだ要請文を送付したが、その回答は、日本の国内問題なので日本政府に委ねるというものだった。したがって一九五一年九月のサンフランシスコ講和条約においては、連合国は日本に対して賠償を求めない見返りとして、在外日本企業を含む日本人財産の没収を規定するにとどまった。このため講和条約が調印されると聞いた引揚者団体全国連合会は、事務所に弔旗《ちょうき》を掲げ、トラックで都内をデモした。

講和以降、在外財産の補償を求める運動は政府に向けて高まりを見せた。これを受けて政府は一九五三年一一月に在外財産問題調査会を設けて調査活動を開始し、軍事郵便貯金等特別処理法などを立法化した。この機関は五四年七月には新たに在外財産問題審議会に改組され、引き続き在外財産の検討が行われ、五六年一二月には答申が作成された。この答申をもとに在外財産を補償するか、それとも見舞金を支給するかをめぐって激しい論議が展開された。しかし生活補助的な支給金に満足しなかった引揚者は、さらに政府に財産補償を要求したため、これを受けた政府は、六四年に第三次の在外財産問題審議会を設置し補償を再検討した。この結果、六七年に「引揚者等に対する特別給付金の支給に関する法律」が制定され、ここにひとまず在外財産の補償問題は終了した。

戦中の統制経済から戦後の高度成長へ

ところで、移民政策の戦前と戦後の連続同様、戦前の満洲での五ヵ年計画は、戦中そして戦後の高度成長政策に人的に連動していく。満洲で五ヵ年計画を担当したのは総務庁次長の岸信介であり、その部下の産業部の椎名《しいな》悦三郎《えつさぶろう》らであった。彼らは一九四〇年代に入ると星野直樹らを筆頭に岸、椎名を含めて日本国内に帰還し、近衛内閣のもとで自由経済を主張する小林一三《いちぞう》商工大臣らと対立しつつ統制経済を推進し、東條内閣のもとで岸は商工大臣、星野は内閣書記官長として官僚主導の高度経済成長政策を推進することとなる。満洲での産業開発五ヵ年計画は、日本では企画院主導の物資動員計画として、統制経済が組み立てられていくこととなる。

敗戦後、日本は戦後復興に着手するが、そのとき採用した方策が、経済安定本部（安本）を中心とした傾斜生産方式だった。これは四六年一二月の第一次吉田内閣のもとで採用された政策で、アメリカからの援助で獲得した重油と無煙炭を鉄鋼業に重点的に投入し、そこで生産された鉄鋼材を石炭産業に集中的に投入し、さらなる石炭の増産を図る。再び増産された石炭を鉄鋼業に投入する。これを繰り返すことで鉄鋼と石炭の拡大再生産を図る。一定の段階に達したら石炭と鉄鋼を他の部門に回し、全体的な産業復興を図るというものであった。その材の配分の中心にいたのが安本だった。

これは、戦前の満洲国での総務庁中心の五ヵ年計画、戦時中の日本での企画院中心の物動計画と、なんら変わるものではなかったということである。しかも、戦後満洲から引揚げてきた満鉄や満洲国の多くの統制経済担当者が、安本職員として活動した。後に野村総研の社長、会長となる佐伯喜一《さえききいち》、第二次大平内閣の七九年に通産大臣となった佐々木義武《よしたけ》や山中四郎、吉植悟など、いずれも満鉄調査部出身だった。

この官僚主導で金融、物流、生産を重点部門に集中し、経済を活性化させる「日本型生産システム」ともいうべきものは、一九五七年に岸が総理大臣に、六〇年に椎名が池田内閣の通産大臣に就任するに及んで高度経済成長政策として本格的に開花する。

満洲で戦前高度成長を担った岸信介や椎名悦三郎らは、一九四〇年代初頭に満洲から日本に戻り、日本での戦時高度成長を主導する。そして戦後は戦犯容疑と公職追放で一時政財界から離れるが、サンフランシスコ講和条約以降は役職に復帰し、再び日本の政治経済を指導し、高度成長に重要な役割を担うこととなる。

典型は岸信介である。彼は、戦犯容疑、公職追放を経て五二年から政界に復帰して、五五年の保守合同をリードし、自由民主党幹事長を経て、外相、五七年以降は総理として日本の高度成長を指導することとなる。椎名悦三郎も岸を補佐して政界に復帰し、六〇年以降は通商産業省にあって戦後の産業育成政策の責任者となるのである。ここにも農業移民政策同様工業政策の日満の連続性を見ることができる。

戦後中国東北の工業化の過去・現在

他方、日本人が、そして留用されていた日本人技術者も大半が引揚げた後の中国東北は、一九五〇年代に入ると新生中国の重工業拠点として基軸的な役割を演ずる。かつては日本の重工業を支える補完的な工業地帯だったが、戦後の五〇年代からは中国社会主義経済を支える重要工業地帯として重きを成した。例えば、鉄鋼業の中心である鞍山の製鉄所は、戦前から戦後にかけての「連続面」と「断絶面」を織り込みながら、戦後の混乱を乗り切って五〇年代中国有数の企業へと発展した（『「満洲国」から新中国へ』）。

一九六〇年の統計によれば、全中国の鉄鉱石の二四・二％、粗鋼の四四・〇％、鋼材の五二・九％は、ここ東北での生産に依存していたのである（次々ページ図表13-1参照）。また、紗河口《さがこう》にあった満鉄機関車修理工場は、大連機車車両廠に、大連機械製作所は、水道部品から始まり、一九四〇年には戦車や砲弾を生産していたが、戦後は大連重型機器廠へと様変わりし、汎用機械の生産工場へと変貌した。大連には満洲油漆株式会社、大連石油株式会社など油脂、染料、ゴムといった化学産業が比較的早くから発展していたが、これらも戦後は、それぞれ大連油漆廠、大連石油化学公司と名前を変えて一九九〇年代まで引継がれている。大連油漆廠は、現在中国のロケットや人工衛星に使用される亜鉛華の生産では中国全体の三分の一の生産量を占めている（『大連・解放四十年史』）。

しかし、六〇年代以降は、社会主義工業建設の遅滞や文化大革命の影響で、七〇年代から九〇年代まで急速にその生産を減少させた。この間の中国東北の全中国に占めるＧＤＰの額と比率を見てみると（図表13－2参照）、六〇年の二〇・四％をピークに以降は減少を続け、七〇年には一六・一％、八〇年には一四・三％、九〇年には一〇・八％そして二〇〇〇年には一〇％を割って九・九％を記録した。二〇〇六年時点での中国東北の中国全体に占める鉄鉱石、粗鋼、鋼材などを見てみると（図表13－1参照）、鉄鉱石は八・七％、粗鋼は一〇・九％、鋼材は一〇・一％へと、四〇年前の六〇年時点と比較して、それぞれ一五・六、三三・一、四二・八ポイントと大幅にその比率を下げているのである。国有企業中心ということもあり、この間、失業者は町に溢れ、閉塞感《へいそくかん》が東北地域全体をおおっていた。

さらに、一九七九年の改革開放への道のなかで、東北の位置も役割も大きく変わることとなる。工業化は東北ではなく上海や広州から、業種もハード主体の重工業ではなく、電機電子を主体にしたソフト関連が中心となって工業化が進められることとなる。当然のこ

1960年

	東北	全国	比率(%)
鉄鉱石(億トン)	0.96	3.97	24.2
粗鋼(万トン)	820.43	1,866.00	44.0
鋼材(万トン)	587.69	1,111.00	52.9

2006年

	東北	全国	比率(%)
鉄鉱石(億トン)	2.07	23.73	8.7
粗鋼(万トン)	4,551.1	41,914.9	10.9
鋼材(万トン)	4,715.25	46,893.36	10.1

図表13-1　東北産業の全中国に占める比率

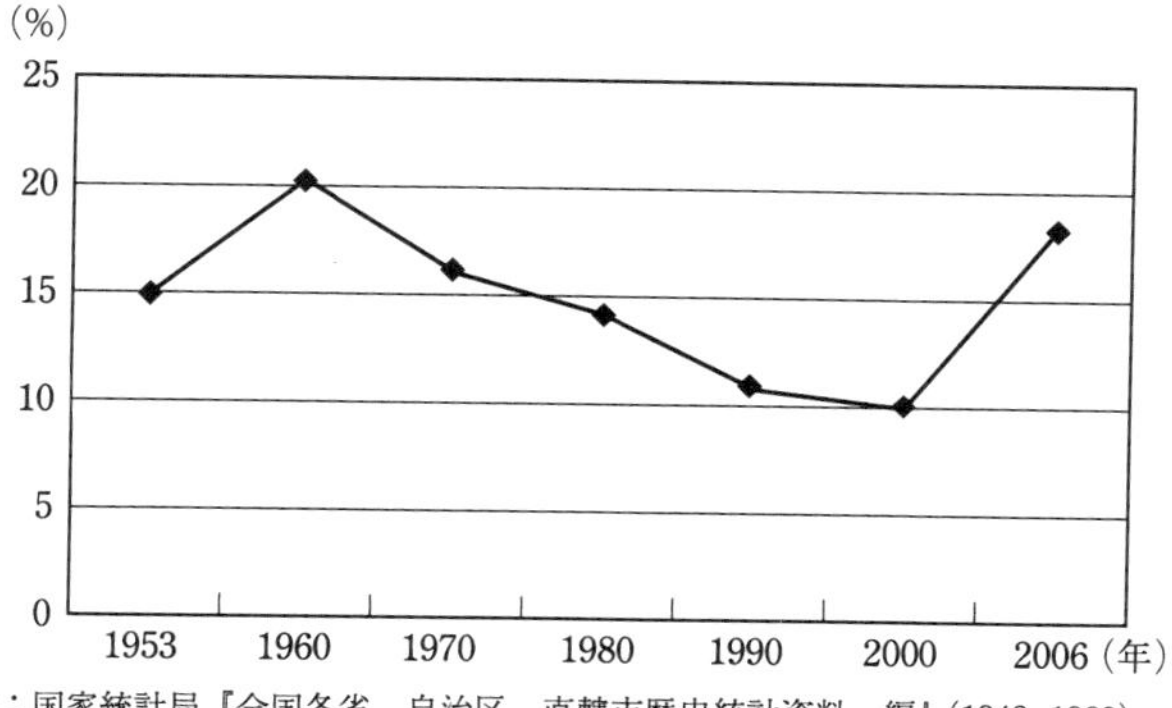

注：国家統計局『全国各省，自治区，直轄市歴史統計資料　編』(1949-1989)，『中国統計年鑑』各年度版より

図表13-2　東北(遼寧省，吉林省，黒龍江省)GDPの全国比率

とながら、東北は中国全体から見れば旧態依然たる時代遅れの工業集積が展開されていた。国営企業の民営化が進行しないままに失業者が増加することとなる。改革開放以降の東北は、これまでの中国トップの工業地帯から逆に後進的な工業地帯へとその位置が代わりはじめていた。

しかし一九九〇年代から東北も大きく変貌を開始する。日・韓・欧・米などの外資系企業の進出と相まって、大連を中心に電機電子産業が急速な拡大を見せ、長春やハルビンを中心に自動車・航空機産業が伸び始め、撫順では化学工業が拡大し、大慶《だいけい》では石油化学工業が新たな発展を遂げ始めている。長春の第一汽車の乗用車生産は、二〇〇六年現在で年四〇万台を突破した。戦前の満洲国時代に旧日産系の満洲重工業(満業)が残した自動車産業を基礎に旧ソ連の技術援助を受けて戦後出発した第一汽車は、国営企業として長春南駅の西側に「汽車城」を形成、VW(フォルクスワーゲン)との合弁を通じて自動車生産を拡大してきた。第一汽車の生産額は吉林省の四〇%を占めるといわれ、同省の経済動向を左右するが、九二年にはVWと合弁し、新工場を設立して乗用車生産を拡大し、〇二年には天津汽車を買収して天津一汽として河北省に新工場を建設し、トヨタとの合弁で乗用車生産に乗り出すなど、全国制覇に向けた新しい動きを見せ始めている。

第8章

満洲の記憶とその変容
——引揚者たちの回想録をめぐって

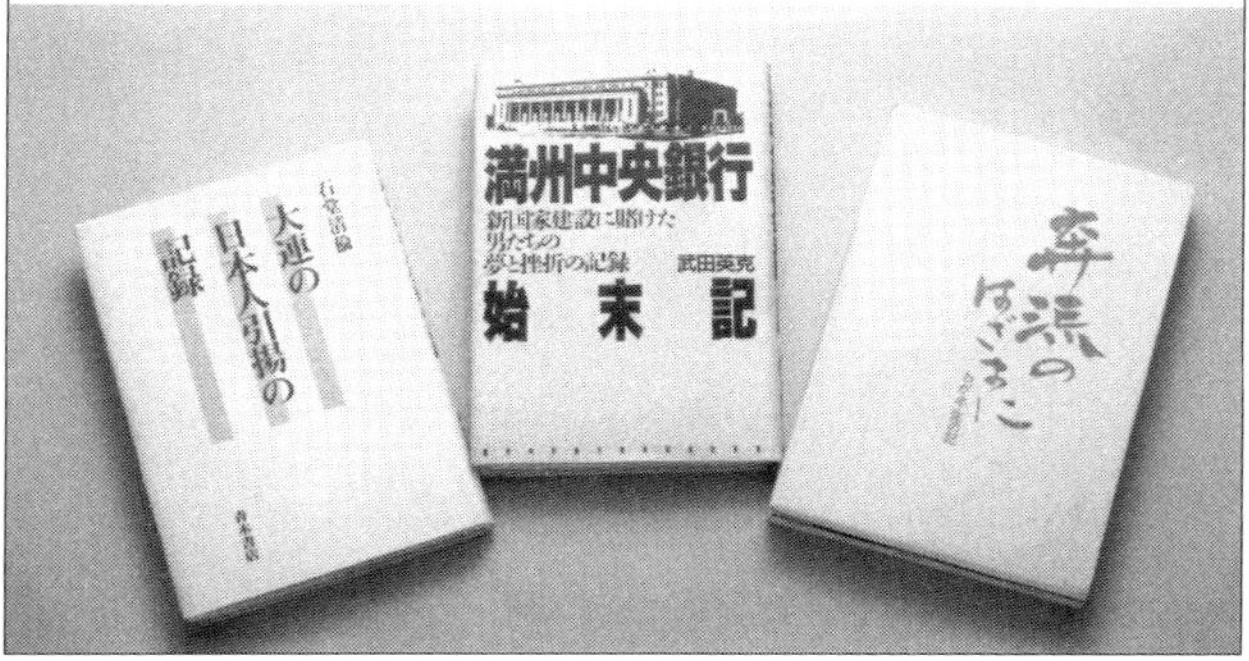

1980～90年代に出版された満洲引揚者の回想記の一部

中国東北は、一九世紀以降、他者の侵入を受けて、それ以前から漢族が開拓してきた大地は若干の変貌を遂げたが、この地に旭日旗をはためかせることができないままに、二〇世紀後半からは再び漢族の地へと戻りはじめた。そして、目覚ましい工業化の過程を刻みつつある。こうした母なる大地の復活は、かつてそこに移住し、そして定着できなかった日本人の引揚者に、どのような記憶の変遷をもたらしたのだろうか。本書を閉めるにあたって、日本人の満洲記憶の変遷をたどっておくこととしよう。つまり、引揚者たちは、戦前の満洲をどのように記憶しているのか。彼らの記憶のなかの満洲は、時代とともにどんな変遷をたどって今日に至っているのか。

初期段階の引揚者の記憶

初期の満洲観を形づくるにあたって大きな役割を演じたのは、一九五〇年に出された『日本人の海外活動に関する歴史的調査』(以下、『歴史的調査』と省略)だった。この『歴史的調査』は、総論、朝鮮篇、台湾篇、樺太篇、南洋群島篇、満洲篇、北支篇、中南支篇、海南島篇、南方篇、その他地域篇の一一篇三六冊からなり、この地域での戦前、戦中(一部戦後)の日本人の活動が記述されていた。つまり本書は、ほぼ旧「大東亜共栄圏」をカバーし、戦前から戦中にかけてのこれらの地域での日本人による政治、経済、社会、宗教活動を網羅的に論じていた。したがって必ずしも満洲だけに焦点を絞ったものではない。

『歴史的調査』は、在外財産調査会が作られた四六年九月以降、調査が開始され、四七年半ば頃から猪間驥一《いのまきいち》、鈴木武雄、北山富久二郎、金子滋男の四名が編集者となってその執筆に着手した。猪間は、元満洲国商工公会常務理事で戦後は中央大学で教鞭をとった統計学の専門家であり、鈴木は元京城帝国大学教授で、戦後は東京大学、武蔵大学教授を務めた財政学の大家、北山は台北帝国大学で教鞭をとり戦後は学習院大学に籍を置いた金融論の専門家で、彼らはいずれも大学関係者であった。最後の金子だけが大学人ではなく、元台湾銀行の業務部長で、調査畑の専門家だった。彼らの下には朝鮮、台湾、満洲、北支、中南支、南方、樺太、南洋群島、欧米の各部会が組織され、各部会長のもとに集まった外地引揚げの産・官・学の関係者が実際の執筆にあたった。したがって、本書は植民地体験者の記録であり、それゆえに当時の彼らの植民地観が鋭く出ていた書物だといえよう。

彼らが同書をまとめた目的は、日本人引揚者の経済活動の結果としての在外財産の「貸借対照表」づくりにあったという。まだ日本の戦後賠償がどういう経緯をたどるか不確定な段階で、外地の日本人資産の実態を調査しておくことは、その一環として重要な意味を持っていた。

現に、日本よりいくぶん早く連合国に降伏したイタリアの場合には、外地イタリア人の財産は尊重され、帰国を希望する場合には、動産、不動産の処分が認められていた（『戦後アジアの日本人団体』）。この前例に従えば、外地日本人も連合軍から同様の処遇を受けることが期待された。そのために、在外財産の実態調査を行うと同時に、この在外財産は「侵略とか、略奪とかいう言葉で、一列に言ってのけられる取引の結果ではなく、日本及び日本人の在外財産は、原則としては、多年の正常な経済活動の結果であったということだけでも、この際はつきりしておくことが是非必要ではないか。これは連合軍に対する弁解という意図からでは勿論なく、吾々の子孫に残す教訓であり、参考書でなければならない」（『歴史的調査』総目録）として、この調査活動を展開し、大部《たいぶ》の『歴史的調査』を残したのである。同書が作り出した、日本の植民地統治は侵略ではなく正常な経済活動だったという主張が、その後の引揚者の意識を規定する出発点となる。

一九六〇年代――著名人の満洲回想録

一九六〇年代に入ると、満洲国の経済建設に関する大部の回想集が編集される。その理由はいくつか考えられよう。この時期、日本の高度成長が本格化し、かつての満洲国での経済建設の経験の回想が、歴史と現実の二重写しのなかで人々の脳裡に回帰したことが挙げられる。いま一つは、戦後一五年が経過し、かつての満洲経済建設を推進した若き産業戦士たちが、いずれも定年退職の時期を迎え、回想の余裕を持つに至ったことが挙げられる。岸信介を例にとれば、彼は一九六〇年に安保条約改定の強行策が日本国民の憤激を買って、総理の座を手放す時期に該当する。その他、政・官・財各界のトップリーダーは多く「回想の時期」を迎えていたのだ。

こんななかで、回想の先鞭をつけたのが一九六四年出された満史会編『満洲開発四十年史』上下と、六五年出版された満洲回顧集刊行会編『あゝ満洲』、満蒙同胞援護会編『満洲国史』(一九七〇年)であった。『満洲開発四十年史』は大蔵公望《おおくらきんもち》が満史会代表を務め、『あゝ満洲』は岸信介が満洲回顧集刊行会会長を務め、『満洲国史』は、平島敏夫が満蒙同胞援護会会長として責任者の役割を演じていた。大蔵は満鉄理事、岸は満洲国総務庁次長、平島は満鉄副総裁といずれも満洲での産業、政治の大立て者であったが、この三冊とも満洲の経済の歩みは侵略ではなく開発である点に注目し、日本がその推進者であったことを証明する点では共通している。しかし、日本のアジアへの侵略とそれへの反省という視点が欠落している点に課題を残した。

『満洲開発四十年史』は、主に満鉄に焦点をあて、満洲が日本の投資市場、原料供給、商品販売市場として日本経済の発展に寄与したこと、その反面、日本の支配下で近代工業の発展が阻止され典型的な植民地的発展を遂げたことを指摘していた(上巻)。それに対して、『あ、満洲』は、満洲関係の政・官・財関係者の回想録であり、満洲国では開発建設を土台にユニークな近代国家づくりがなされ、インドの聖雄ガンジーも声援を送った東亜のホープであった、と述べられている。『満洲国史』は満洲国に焦点をあて、その通史（上巻）と課題別史（下巻）に分けて歴史的過程を描いていた。

『満洲開発四十年史』が満洲国の功罪両面を認め、複眼的視点からその経済開発を見ているのに対して、『あ、満洲』は満洲国の近代国家的側面に焦点をあてるなど、評価の点で若干の相違が見られるが、開発という視点から満洲国の経済政策に焦点をあてた回顧録が登場したことは注目に値しよう。しかも前者は上下二巻で約一八〇〇頁、後者は九三〇頁弱といずれも大部であること、執筆者の大半が在満生活体験者であることに特徴がある。いわば、老境の域に達し、それなりの社会的ポジションを得た著名人の満洲回想録なのである。これらは、いずれも一九五〇年に上梓された『日本人の海外活動に関する歴史的調査』のトーンを引き継いでおり、しかもそれを公刊したという点で、時代的特徴を有していたのである。

一九七〇年代以降――個人的体験記

一九七〇年代に入ると個人回想録が数多く出版されるようになる。『満洲国史』の編者だった平島敏夫は、一九七二年には『楽土から奈落へ』を著している。副題に「満洲国の終焉と百万同胞引揚げ実録」とあるように、ソ連軍の侵攻、敗戦、遣送、留用、帰国がメインテーマになっている。ここでも、日本人が「満蒙の開発と文化の向上に努めた成果」が評価されず、「帝国主義侵略」として一方的に批判されることは理解できないとしている。

ところが、一九八〇年代になると様相は転換する。それは武田英克の作品のなかにその典型が見て取れる。敗戦時に満洲中央銀行発行課長だった武田英克は一連の回想記を出版している。『奔流のはざまに』『満州脱出』『満州中央銀行始末記』がそれである。『奔流のはざまに』は、満洲時代から戦後の企業人としての足跡、そして現役引退後の心境を綴った、「わが半生の記」である。この本の戦後の国共内戦下の長春での生存の極限状況からの脱出記が『満州脱出』となり、彼の敗戦処理まで含む満洲中央銀行時代の活動が『満州中央銀行始末記』となった。その意味では、三部作ともいえる作品である。

彼は、ひそかに、平島が受けたと同様の批判が読者から返ってくるものと思っていたという。ところが、実際には違っていたというのである。彼は、その間の事情を『満州中央銀行始末記』の「あとがき」に記している。そこで彼は「他の読者から大変な反響があり、この一年間に私がいただいたお手紙は実に千通近くの膨大な数に達した。しかもそのほとんどが、感銘深く読んだ、従来の満州観をあらためたい、満州についてもっと詳しく知りたい……といった好意的なものばかりで、誹謗、中傷の類の手紙はただの一通もなかったのは私のひそかな驚きであった。かつて満州で暮らしたことのある人々やその遺族たちが、いかに満州の真実を知りたがっているかが、この事実からうかがい知ることができた」と述べている。

つまり、満洲像の把握が、かつての帝国主義批判から、なつかしき異国のふるさと・満洲という構図に変わってきているのである。それは、時間の経過とともに厳しかった現実がすり潰《つぶ》され、表皮が削《けず》り落とされ、その奥に納まっていた個人的な楽しい思い出や男女の性に象徴される人間の原点への回帰が表面に露呈した結果だともいえよう。こうした動きは、九〇年代以降に発表された「満洲もの」にも共通する動きだったといえる。

「満洲国」の終焉を画する引揚げの記録を見ても、同様の変化を見て取ることができる。一九六〇年代までの引揚げの記録は、その大半がソ連兵や中国人「暴徒」に襲撃され、日本人女性が陵 辱《りょうじょく》される悲惨な歴史で埋め尽くされている。藤原てい『流れる星は生きている』などがこの時期の典型的な作品の一つだが、むしろ彼女の場合には、かなり抑制されたタッチで引揚げが描かれている。それに対して池田佑編『大東亜戦史』満洲編上下などは「〝赤い夕日の国〟満州！　大陸の土に築いた青年日本の夢は、ソ連参戦で一朝にして蜃気楼と消えた。百万の民族の流転がはじまる。終戦史の一ページを悲しくいろどった流亡の姿を描きつくして、語られざる足跡を刻む衝撃の記録」と銘打って宣伝されたように、文字どおりの婦女子陵辱の歴史記録であった。そうした衝撃の歴史記録が一九七〇年代までの引揚げの歴史だったともいえよう。

しかし、一九八〇年代以降顕著となる引揚げの個人史は、その量が増加を開始するだけでなく、日本人婦女子陵辱の歴史から、それを後景に置いて個人の内面的な描写に重点が置かれはじめたのである（『岩波講座　アジア・太平洋戦争4「帝国の戦争体験」』）。

一九八〇年以降の主だった引揚げの作品を見ると、八〇年代半ばに上梓された石堂清倫《いしどうきよとも》の自叙伝『わが異端の昭和史』に続く九〇年代の『続　わが異端の昭和史』『大連の日本人引揚の記録』は、そうした満洲と関わり、そして敗戦後の大連での生活と日本への引揚げの自分史である。ヒヤリング記録森戸睦子『大連〝引揚げ〟を見届けた男』は、大連引揚げに尽力し、戦後早期に日中貿易を手がけた高橋庄五郎の生涯を追う。また、なかにし礼『赤い月』上下は、彼の満洲引揚げの体験を後景に置いて、極限のなかで生きる母親の愛人への愛と憎しみの姿を子供の目線で語る。そうした姿を通じて、筆者自身のルーツを確認するという作品である。

こうした一連の個人史に共通するものは、自己のルーツの確認であり、その再現の過程でもある。そこにはかつての婦女子陵辱の歴史は主だった課題としては登場しない。むしろそれは後景に退いて、そうしたルーツをたどるための舞台装置の一つにすぎなくなるのである。

記憶の転換を促したもの

では、こうした満洲観が変わる時期は、いつだったのか。九〇年代に生じた新しい変化なのか。

聞き書きや個人体験を通じた満洲国での生活や満洲引揚げの歴史の記述は、自らその体験者が語る場合であれ、関係者や自分の縁故者の聞き書きであれ、そこには戦後半世紀近い時間の経過があり、何らかの形での記憶の「客観化」が生じている。また一般的に流布《るふ》されている満洲での生活や引揚げ体験の「常識」とは異なる個人体験の「異常性」の検証作業も、こうした個人体験にはしばしば見られる傾向でもある。つまりは共通の体験から多様な体験への転換、単一の「常識」の喪失と多様な「常識」の並存が、この聞き書きと個人史の創生過程からは生まれてくる。

こうした発想をいっそう助長した心理的促進要因としては、一九八〇年代半ばの中曽根首相の「戦後政治の総決算」に象徴される一連の戦前・戦中の出来事の「総括」と、八九年の昭和天皇崩御《ほうぎょ》に象徴される「昭和の時代」からの決別があったのではないか。「あの体験の時代が終了した」という集団的呪縛からの解放を前に、個人は、自己の、あるいは自分の父母のルーツとの対話に、自ら解き明かさねばならない「課題」と、求めるべき「解」の方向性を見出したのである。

それは、前述した満洲国での思い出や引揚げ体験を語るなかにはっきり現れている。武田英克が一九八六年に『満州中央銀行始末記』を上梓した際に、「帝国主義侵略行為だ」として批判されると思っていたら「従来の満州観をあらためたい、満州についてもっと詳しく知りたい」という好意の手紙が舞い込んだという回想は、それを示しているといえよう。

問題は、こうした個人史や聞き取り作業の延長線上にある究極の到達点そのものが、旧来の「常識」の変更となるのか、それとも旧来の「常識」の豊富化となるのか、という分岐点であろう。さらにまた、そうした個人史や聞き取りが、かつて敵対した日本とアジアの植民地地域の人々の「和解」の道につながるのか、それともそれにさざ波を立てるのか、という問題であろう。

新しい取り組み――日中共同作業

こうしたなかで、「和解」への道を目指す動きの一つとして注目すべきは、満洲問題に関して、日中共同作業が、ゆっくりとではあるが確実に進行しはじめたという事実であろう。日中共同での翻訳事業は、これまでにも多くの事例が見られたが、ある特定課題での共同研究は、さほど数は多くなかった。日中共同作業の多くは、最初は資料集の編集と復刻作業として、そのあとは特定の研究課題を共有しながら行われた共同作業によって着実に具体化されていった。

遼寧省檔案館編・小林英夫解説『満鉄と盧溝橋事件』、遼寧省檔案館・小林英夫編『満鉄経済調査会史料』全六巻は、いずれも遼寧省檔案館が所蔵していた旧満鉄調査部史料を檔案館スタッフが整理し、小林がそれをもとに編集し、日本で公開したものである。前者では、盧溝橋事件に関東軍と満鉄調査部員が深く関与したという歴史事実を旧満鉄調査部史料から裏付けようとしているし、後者では、これまで秘密のベールに包まれていた満鉄経済調査会の誕生と活動の実態を明らかにしたものであった。

松村高夫他編『満鉄労働史の研究』や小林英夫・張志強共編『検閲された手紙が語る満洲国の実態』などは、比較的早期の日中共同研究の事例だといえよう。前者、『満鉄労働史の研究』は、長春の満鉄資料館所蔵の文書を活用して満鉄の労働問題を多様な角度から分析したもので、満鉄資料館の解学詩《かいがくし》と松村高夫等による共同研究の成果だといえよう。また『検閲された手紙が語る満洲国の実態』は、関東憲兵隊が実施した通信検閲の内容を月ごとにまとめた『関東憲兵隊通信検閲月報』をもとに、小林と張が中心となって日中双方の学者が共同作業で、その実態を分析した成果である。

ちなみにこの『通信検閲月報』は、敗戦直前の混乱のなかで関東憲兵隊が、秘匿《ひとく》史料を焼却処分とし、これを地中に埋めたが、戦後偶然発見され、復元されたものである。この史料を検討した結果、満洲国の掲げる「五族協和」とは裏腹に、通信の送受信相手の多くは同一民族間に限定されており、民族を超えた文通はごく例外的であることが実態として浮き彫りになること、関東軍がもっとも取り締まりを厳重にしたのは、外国の新聞、雑誌類で、これらがもっとも正確に世界情勢の推移を伝えていたこと、一九三九年満蒙国境で起きた「ノモンハン事件」に関して関東軍はもっとも厳しい通信統制を実施したこと、などが判明した。

このほか、西田勝・孫継武他編『中国農民が証す「満洲開拓」の実相』、植民地文化学会・中国東北淪陥一四年史総編室『「満洲国」とは何だったのか』などは、これまでともすれば日本人や日本人移民者の目から見てきた満洲開拓事業や満洲史を、満蒙農民や中国人の視点からヒヤリングや共同研究をもとにその実像に迫ろうというものである。

しかし西田、孫らの著作に関していえば、多くの中国人の回想が一九四五年八月時点で停止して「日本への恨み」を吐露《とろ》して終わっており、相互の「和解」への道を模索する努力の跡を見せるものはさほど多くはない。しかし、なかには戦後の相互の交流を通じて、当時の双方の置かれていた立場を語り合うなかで、人間レベルでの理解を通じて「和解」への糸口をつかんだ事例もいくつか見ることができる。たとえば先の『中国農民が証す「満洲開拓」の実相』のなかで、黒龍江省甘南県に入植した開拓団の場合には、戦後の交流を通じて、「日本人民は日中両国人民の友好を大切にし、平和を愛し、戦争に反対するもの」であることを認識した事例や、万金山開拓団の場合には、戦後開拓団員と開拓団に勤務していた中国人が、当時を回想しあうなかで、以前わからなかった相互の立場が理解できて、「和解」への第一歩が記された事例もある。

以上の事例は、戦後の交流がない場合には「和解」の糸口を探すことが難しいことを物語っている。「過去を直視し、歴史を学ぶこと」が「和解」の第一歩だが、戦後の交流こそが「和解」のための第二歩なのである。

満洲未来史

現在、満洲ブームだといわれている。たしかに北東アジア地域は世界の焦点の一つになりつつある。それは、中国が急速な経済発展を遂げ、またロシアが資源大国として極東シベリアの天然ガスや希少資源を旧満洲と呼ばれた中国東北を通じて搬出する動きが広がるなかで、地政学的視点からこの地が注目されはじめているからである。現在、北朝鮮が改革開放の動きを積極化させていないことから、北東アジア地域は、今ひとつまとまりにかけるが、もし、北朝鮮が国際社会に溶け込むような動きを示すとすれば、ますます中国東北は、新しい地域的発展拠点として注目されるであろうことは間違いない。

その際に旧満洲の歴史的歩みとその特徴は、単にかつてそこに住んでいた人々だけでなく、これから新しく係わり合いを持つ人々を含めて、大きな関心事となるであろう。現在の満洲ブームともいえる現象は、そうしたかつてそこに住んでいた人の記憶と、これから係わり合いを持つであろう人々の関心の、相乗作用の上に生まれた現象であろうと思われる。そして満洲と呼ばれている地域と日本人の係わり合いも過去の侵略の歴史を否定するのではなく、それを前提にしたうえでの和解の歴史の模索が未来の歴史として求められはじめているのである。人々の交流の増加は、ますますその必要性を高め、かつその輪を広げつつある。

あとがき

「おもしろい、やってください」

こういわれると、やらないわけにはいかない。編集部の岡本浩睦・稲吉稔・二見有美子の三人の編集者との面談で、岡本氏から励ましとも通告とも取れる言葉を聞くと、口からすでに計画案が飛び出してしまった手前、引っ込みがつかなくなった。かくなる上は、ただ書く以外になし。そんなわけで、『〈満洲〉の歴史』の執筆が始まった。

日本人の目線から見た中国東北史を描きたい、という想いは、これまでもずっと持っていた。そして軍閥と称された奉天（現瀋陽）を拠点とする張作霖・学良の動きを右目で、日本の東北への策謀と「清朝廃帝引き出し統治」を左目で眺めながらの両目の歴史を描いてみたい、といった無謀な想いをいつかは実現させたいと夢見ていた。そして思い切って、張作霖・学良、とりわけ学良を軍閥ではなく、中国近代化の旗手の一人として、それを阻むのが日本として両国の歴史を描いてみたいと考えていた。

難問は日本の位置取りだった。阻んだのは日本だが、その日本も別の近代化を志向していたわけで、その両者の関係をどうするか、だった。結局は、近代化と称される動きも、ナショナリズムという枠を取り払うことはできないままに日本が推し進めた近代化は、大きな中国の近代化に飲み込まれ、その影を消して行ったのではないだろうか。その決め手は、その土地は誰のものだったのか、という母なる大地の帰属とその土壌の上に咲いた政治力・文化力の強弱の問題ではなかったのか。

そんなわけで、本書では、植民と工業化と政治文化という三つのテーマを日中両国の対比の中で描こうと考え、冒頭に記したとおり、岡本・稲吉・二見の三氏の前でその構想を語ったという次第である。「おもしろい」といわれたからには、それをもっとおもしろくさせねばならない、持ち前のそそっかしさとサービス精神から、ついつい深みにはまって無謀な課題に挑戦した結果が本書だというわけである。

あまりに大きな課題に戸惑うなかで、それがうまくできたとは思わないし、当初の「夢」が正夢になったとも思わない。いつものことで、不満だらけの思いだけを残して「あとがき」でその愚痴を書く結果となった。でも弁解がましくいえば、それなりにがんばった、という点がいくつかあったということだろう。詳細はともかく、ここで逐一お名前は挙げないが、本書の際も作成にあたって多くの方々のお世話になった。お三人の編集者、また資料提供を受けた塚瀬進・松重充浩・柴田善雅・英ゆり・董昭華各氏をはじめ、多くの方々に感謝したい。

高粱《コーリヤン》畑が切れる地平線をゆらゆら揺れながら沈む雄大な北満の夕日を見つめつつ

――綏芬河に向け北行する寝台車の車窓から――

二〇〇八年初秋

小林　英夫

参考文献（※複数の章にまたがる文献は、主な章に掲載した）

第1章　一九世紀初頭までの満洲
矢野仁一『満洲近代史』弘文堂書房、一九四一年
ヴェ・アヴァリン（ロシア問題研究所訳）『列強対満工作史』原書房復刻版、一九七三年
石田興平『満洲における植民地経済の史的展開』ミネルヴァ書房、一九六四年
和田清『支那地方自治発達史』中央大学、一九三九年
小峰和夫『満洲』御茶の水書房、一九九一年
西村成雄『中国近代東北地域史研究』法律文化社、一九八四年
東亜経済調査局『支那に於ける銀と物価』東亜経済調査局、一九三六年
マヂヤル（早川二郎訳）『支那の農業経済』白揚社、一九三六年
藤村道生『日清戦争』岩波新書、一九七三年
井口和起編『日清・日露戦争』吉川弘文館、一九九四年
末延芳晴『森鷗外と日清・日露戦争』平凡社、二〇〇八年
小林道彦『日本の大陸政策』南窓社、一九九六年
奈倉文二・横井勝彦編『日英兵器産業史』日本経済評論社、二〇〇五年
井上晴樹『旅順虐殺事件』筑摩書房、一九九五年
室山義正『近代日本の軍事と財政』東京大学出版会、一九八四年
塚瀬進『満洲国』吉川弘文館、一九九八年
塚瀬進『満洲の日本人』吉川弘文館、二〇〇四年

第2章　東アジア激動の中の満洲
横手慎二『日露戦争史』中公新書、二〇〇五年
長山靖生『日露戦争』新潮新書、二〇〇四年
軍事史学会編『日露戦争（一）』錦正社、二〇〇四年
軍事史学会編『日露戦争（二）』錦正社、二〇〇五年

クリスティー（矢内原忠雄訳）『奉天三十年』上下　岩波新書、一九三八年
防衛庁防衛研修所戦史室『戦史叢書　関東軍〈1〉』朝雲新聞社、一九六九年
武田幸男編『朝鮮史』山川出版社、一九八五年
李玉（金容権訳）『朝鮮史』白水社、一九八二年
安藤彦太郎編『満鉄―日本帝国主義と中国』御茶の水書房、一九六五年
原田勝正『満鉄』岩波新書、一九八一年
御厨貴編『後藤新平大全』藤原書店、二〇〇七年
米野豊実編『満洲草分物語』満洲日日新聞社、一九三七年
倉橋正直『北のからゆきさん』共栄書房、一九八九年
日本経済新聞社編『私の履歴書　経済人１』日本経済新聞社、一九八〇年
南満洲鉄道株式会社編『南満洲鉄道株式会社十年史』南満洲鉄道株式会社、一九一九年
駒井徳三『満洲大豆論』有斐閣書房、一九一二年
菊地昌典『ロシア革命と日本人』筑摩書房、一九七三年

第３章　奉天軍閥と対立する日本

澁谷由里『馬賊で見る「満洲」』講談社、二〇〇四年
澁谷由里『「漢奸」と英雄の満洲』講談社、二〇〇八年
堀川武夫『極東国際政治史序説』有斐閣、一九五八年
園田一亀著『奉天派の新人旧人』奉天新聞社、一九二三年
園田一亀著『奉天省財政に就いて』一九二七年
南満洲鉄道株式会社庶務部編『奉天省の財政　其一歳出論、歳入論』一九二八年
政協瀋陽市委員会文史資料委員会・遼寧社会科学院歴史研究所合編『瀋陽文史資料』第一輯、一九八一年
政協瀋陽市委員会文史資料委員会編『瀋陽文史資料』第六輯、一九八四年
陳崇桥・胡玉海・胡毓峼編『从草莽英雄到大元帥』遼寧人民出版社、一九九一年
『東北年鑑』瀋陽、東北文化社、一九三一年
東亜同文会調査編纂部編『新篇　支那年鑑』東亜同文会調査編纂部、一九二七年

石射猪太郎『外交官の一生』太平出版社、一九七二年
実業部臨時産業調査局『満洲ニ於ケル商会（増補）』一九三七年
満洲国経済部協会編『租税と民族協和問題年表』一九四一年
満洲帝国政府編『満洲建国十年史』原書房復刻版、一九六九年
菊池寛『満鉄外史』原書房復刻版、一九六六年
蓑洲会編『野村龍太郎伝』日本交通学会、一九三八年
小林英夫『満鉄「知の集団」の誕生と死』吉川弘文館、一九九六年
小林英夫編『満洲　その今日的意味』柘植書房新社、二〇〇八年
小林英夫『満鉄調査部「元祖シンクタンク」の誕生と崩壊』平凡社、二〇〇五年
山本条太郎翁伝記編纂会『山本条太郎伝記』一九四二年
張友坤・銭進編『張学良年譜』上、社会科学文献出版社、一九九六年
傅虹霖（川崎将夫ほか訳）『張学良―その数奇なる運命』連合出版、一九九五年
角田順編『石原莞爾資料　戦争史論』原書房、一九六八年
角田順編『石原莞爾資料（増補）国防論策篇』原書房、一九七八年
石原莞爾『石原莞爾選集9　書簡・日記・年表』たまいらぼ、一九八六年
松岡洋右『動く満蒙』先進社、一九三一年

第4章　「満洲国」の時代

NHK取材班・臼井勝美『張学良の昭和史最後の証言』角川書店、一九九一年
小林龍夫・島田俊彦編『現代史資料』7「満洲事変」みすず書房、一九六四年
赤松祐之編『リットン報告附属書』国際連盟協会、一九三三年
駒井徳三『大満洲国建設録』中央公論社、一九三三年
駒井徳三『大陸への悲願』日新印刷株式会社、一九五二年
蘭交会編『麦秋　駒井徳三』音羽サービス・センター、一九六四年
小山貞知『満洲協和会の発達』中央公論社、一九四一年
小山貞知『協和会とは何ぞや』満洲評論社、一九三七年

小山昇編『小山貞知と満洲国』上、信山社出版、一九九六年
『満洲国建国小史』（発行所不明・国会図書館蔵）
稲葉正夫ほか編『現代史資料』11「続・満洲事変」みすず書房、一九六五年
浜口裕子『日本統治と東アジア社会』勁草書房、一九九六年
飯塚靖『中国国民政府と農村社会』汲古書院、二〇〇五年
栃倉正一編『満洲中央銀行十年史』一九四二年
安冨歩『「満洲国」の金融』創文社、一九九七年
岡部牧夫『満州国』三省堂、一九七八年
治安部警務司『満洲国警察史』（復刻版）一九七五年
加藤豊隆『満洲国警察小史』（財）満蒙同胞援護会愛媛県支部、一九六八年
佐野眞一『甘粕正彦　乱心の曠野』新潮社、二〇〇八年
満洲国軍政部顧問部『満洲共産匪の研究』第一輯、第二輯　一九三七年
和田春樹『金日成と満州抗日戦争』平凡社、一九九二年
小澤親光『秘史　満洲国軍』柏書房、一九七六年
波多野勝『昭和天皇とラストエンペラー』草思社、二〇〇七年
伊藤隆・劉傑『石射猪太郎日記』中央公論社、一九七三年
工藤忠『皇帝溥儀』世界社、一九五二年
R・F・ジョンストン（入江曜子・春名徹訳）『紫禁城の黄昏』岩波文庫、一九八九年
東京市役所『満洲国皇帝陛下東京市奉迎志』一九三六年
愛新覚羅浩『流転の王妃』文藝春秋新社、一九五九年
愛新覚羅溥傑（丸山昇監訳・金若静訳）『溥傑自伝』河出書房新社、一九九五年
愛新覚羅浩『「流転の王妃」の昭和史』主婦と生活社、一九八四年
中保與作『満洲国皇帝』日本評論社、一九三五年
愛新覚羅溥儀『わが半生（上・下）』大安、一九六五年
山室信一『キメラ　満洲国の肖像』中央公論社、一九九三年
高松宮宣仁『高松宮日記』第二巻〜第五巻、中央公論社、一九九五年

中田整一『満州国皇帝の秘録』幻戯書房、二〇〇五年
日満実業協会『満洲国皇帝奉迎報告書』日満実業協会、一九三五年
建国十周年祝典事務局『大満洲帝国建国十周年紀念写真帖』満洲事情案内所、一九四二年
古海忠之『忘れ得ぬ満洲国』経済往来社、一九七八年
武藤富男『私と満州国』文藝春秋、一九八八年
小林英夫『「日本株式会社」を創った男　宮崎正義の生涯』小学館、一九九五年
星野直樹『見果てぬ夢』ダイヤモンド社、一九六三年
松岡洋右『満鉄を語る』第一出版社、一九三七年
エドガー・スノー（梶谷善久訳）『極東戦線』筑摩書房、一九八七年
新井利男・藤原彰編『侵略の証言』岩波書店、一九九九年
近現代史編纂会編『陸軍師団総覧』新人物往来社、二〇〇〇年
小林英夫・福井紳一『満鉄調査部事件の真相』小学館、二〇〇四年
満蒙同胞援護会編『満蒙終戦史』河出書房新社、一九六二年
解学詩『満鉄与華北経済　一九三五—一九四五』社会科学文献出版社、二〇〇七年

第5章　「満洲国」は何を目指したのか

高碕達之助『満州の終焉』実業之日本社、一九五三年
小林英夫『満鉄調査部の軌跡』藤原書店、二〇〇六年
小林英夫『増補版「大東亜共栄圏」の形成と崩壊』御茶の水書房、二〇〇六年
島田俊彦ほか編『現代史資料』8　日中戦争1、みすず書房、一九六四年
満洲史研究会編『日本帝国主義下の満州』御茶の水書房、一九七二年
中村隆英・原朗編『日満財政経済研究会資料』第一～三巻、日本近代史料研究会、一九七〇年
高碕達之助集刊行会編『高碕達之助集』上・下、東洋製缶、一九六五年
小林英夫『「昭和」をつくった男』ビジネス社、二〇〇六年
満州移民史研究会編『日本帝国主義下の満州移民』龍渓書舎、一九七六年
満洲開拓史刊行会編『満洲開拓史』満洲開拓史刊行会、一九六六年

満鉄経済調査会『満洲農業移民方策（二―一―一）』一九三六年
京都帝国大学農学部第二調査班編『瑞穂村綜合調査』満洲国立開拓研究所、一九四一年
弥栄村開拓協同組合編『弥栄開拓十年誌』一九四二年
拓務局東亜課『移民団長移住地状況報告』一九三六年
大東亜省『第八次大八浪開拓団綜合調査報告書』一九四三年
満洲国立開拓研究所『開拓村に於ける雇傭労働事情調査』一九四一年
満洲国通信社編『満洲開拓年鑑』一九四〇年度版
山田昭次『近代民衆の記録』6　満州移民、新人物往来社、一九七八年
高橋泰隆『昭和戦前期の農村と満州移民』吉川弘文館、一九九七年
北満経済調査所編『北満と北海道農法―開拓農業研究会記録』南満洲鉄道株式会社、一九四一年
蘭信三『「満州移民」の歴史社会学』行路社、一九九四年

第6章　満洲に生きた人たちの生活と文化

『満洲年鑑　昭和十五年版』満洲文化協会、一九三九年
牧南恭子『五千日の軍隊―満洲国軍の軍官たち』創林社、二〇〇四年
片倉衷・古海忠之『挫折した理想国　満洲国興亡の真相』現代ブック社、一九六七年
島木健作『満洲紀行』創元社、一九四〇年
田中秀雄『石原莞爾と小澤開作』芙蓉書房出版、二〇〇八年
岩野裕一『王道楽土の交響楽』音楽之友社、一九九九年
朝比奈隆『楽は堂に満ちて』日本経済新聞社、一九七八年
朝比奈隆『朝比奈隆　わが回想』中公新書、一九八五年
川村湊『文学から見る「満洲」』吉川弘文館、一九九八年
川村湊『満洲崩壊』文藝春秋、一九九七年
小林英夫・張志強編『検閲された手紙が語る満洲国の実態』小学館、二〇〇六年
宅昌一『回想のプロレタリア演劇』未来社、一九八三年
藤川夏子『私の歩いた道　女優藤川夏子自伝』劇団はぐるま座、二〇〇三年

中村邦雄監修『東海林太郎　影像の世界』東海林太郎歌謡芸術保存会、一九九七年
東海林太郎・岩間芳樹『一唱民楽』東海林太郎歌謡芸術保存会、一九八一年
南満洲鉄道株式会社庶務部調査課『満洲に於ける産業組合』一九二五年
佐藤忠男『キネマと砲声』岩波現代文庫、二〇〇四年
山口淑子・藤原作弥『李香蘭　私の半生』新潮社、一九八七年
胡昶ほか（横地剛ほか訳）『満映』パンドラ、一九九九年
喜多由浩『満州唱歌よ、もう一度』産経新聞ニュースサービス、二〇〇三年
志々田文明『武道の教育力　満洲国・建国大学における武道教育』日本図書センター、二〇〇五年

第7章　消滅した「満洲国」が遺したもの

成田精太『瓦解　満州始末記』北隆館、一九五〇年
小林英夫ほか編『戦後アジアにおける日本人団体』ゆまに書房、二〇〇八年
藤原てい『流れる星は生きている』中央公論社、一九七五年
森枝修編『群馬県海外引揚誌』群馬県引揚者連合会、一九六六年
董志正（鐘ケ江信光監訳）『大連・解放四十年史』新評論、一九八八年
田浦雅徳・古川隆久・武部健一編『武部六蔵日記』芙蓉書房出版、一九九九年
森繁久彌『森繁自伝』中央公論社、一九六二年
森繁久彌『青春の地はるか―五十年目の旧満州への旅』日本放送出版協会、一九九六年
松本俊郎『「満洲国」から新中国へ―鞍山鉄鋼業からみた中国東北の再編過程１９４０～１９５４』名古屋大学出版会、二〇〇〇年

第8章　満洲の記憶とその変容

満洲国史編纂刊行会編『満洲国史総論』満蒙同胞援護会、一九七〇年
満洲国史編纂刊行会編『満洲国史各論』満蒙同胞援護会、一九七一年
小林英夫監『日本人の海外活動に関する歴史的調査』第十三巻満洲編1～第十六巻満洲編4、ゆまに書房、二〇〇〇年

満史会編『満州開発四十年史』上・下・補巻、満州開発四十年史刊行会、一九六四—六五年
満洲回顧集刊行会編『あゝ満洲』一九六五年
平島敏夫『楽土から奈落へ』講談社、一九七二年
武田英克『奔流のはざまに』一九八四年
武田英克『満州脱出』中央公論社、一九八五年
武田英克『満州中央銀行始末記』PHP研究所、一九八六年
石堂清倫『わが異端の昭和史』勁草書房、一九八六年
石堂清倫『わが異端の昭和史・続』勁草書房、一九九〇年
森戸睦子『大連〝引揚げ〟を見届けた男』創土社、二〇〇〇年
なかにし礼『赤い月』上・下、新潮社、二〇〇三年
石堂清倫『大連の日本人引揚の記録』青木書店、一九九七年
遼寧省档案館編『満鉄と盧溝橋事件』全三巻、柏書房、一九九七年
遼寧省档案館・小林英夫編『満鉄経済調査会史料』全六巻、柏書房、一九九八年
松村高夫ほか編『満鉄労働史の研究』日本経済評論社、二〇〇二年
西田勝・孫継武・鄭敏編『中国農民が証す「満洲開拓」の実相』小学館、二〇〇七年
植民地文化学会・中国東北淪陥十四年史総編室編『「満洲国」とは何だったのか』小学館、二〇〇八年
池田佑編『大東亜戦史』満洲編《上》、富士書苑、一九六九年
山本有造編『「満洲」記憶と歴史』京都大学学術出版会、二〇〇七年
中見立夫ほか編『満洲とは何だったのか』新装版、藤原書店、二〇〇六年

N.D.C.222　286p　18cm
ISBN978-4-06-287966-8

講談社現代新書　1966

〈満《まん》洲《しゅう》〉の歴《れき》史《し》

二〇〇八年一一月二〇日第一刷発行　二〇一九年八月二二日第六刷発行

著　者　小《こ》林《ばやし》英《ひで》夫《お》　

発行者　渡瀬昌彦

発行所　株式会社講談社

東京都文京区音羽二丁目一二―二一　郵便番号一一二―八〇〇一

電　話　〇三―五三九五―三五二一　編集（現代新書）
〇三―五三九五―四四一五　販売
〇三―五三九五―三六一五　業務

装幀者　中島英樹

印刷所　豊国印刷株式会社

製本所　株式会社国宝社

定価はカバーに表示してあります　Printed in Japan

「講談社現代新書」の刊行にあたって

教養は万人が身をもって養い創造すべきものであって、一部の専門家の占有物として、ただ一方的に人々の手もとに配布され伝達されうるものではありません。

しかし、不幸にしてわが国の現状では、教養の重要な養いとなるべき書物は、ほとんど講壇からの天下りや単なる解説に終始し、知識技術を真剣に希求する青少年・学生・一般民衆の根本的な疑問や興味は、けっして十分に答えられ、解きほぐされ、手引きされることがありません。万人の内奥から発した真正の教養への芽ばえが、こうして放置され、むなしく滅びさる運命にゆだねられているのです。

このことは、中・高校だけで教育をおわる人々の成長をはばんでいるだけでなく、大学に進んだり、インテリと目されたりする人々の精神力の健康さえもむしばみ、わが国の文化の実質をまことに脆弱なものにしています。単なる博識以上の根強い思索力・判断力、および確かな技術にささえられた教養を必要とする日本の将来にとって、これは真剣に憂慮されなければならない事態であるといわなければなりません。

わたしたちの「講談社現代新書」は、この事態の克服を意図して計画されたものです。これによってわたしたちは、講壇からの天下りでもなく、単なる解説書でもない、もっぱら万人の魂に生ずる初発的かつ根本的な問題をとらえ、掘り起こし、手引きし、しかも最新の知識への展望を万人に確立させる書物を、新しく世の中に送り出したいと念願しています。

わたしたちは、創業以来民衆を対象とする啓蒙の仕事に専心してきた講談社にとって、これこそもっともふさわしい課題であり、伝統ある出版社としての義務でもあると考えているのです。

一九六四年四月　野間省一